하나님을 소개하는 친구

새신자를 위한 성경 인물 가이드

KB192346

하나님을 소개하는 친구

지은이 김덕건
펴낸이 김명식
펴낸곳 (주)넥서스

초판 1쇄 발행 2016년 3월 30일
초판 3쇄 발행 2016년 4월 25일

출판신고 1992년 4월 3일 제311-2002-2호
04044 서울시 마포구 양화로 8길 24(서교동)
Tel (02)330-5500 Fax (02)330-5555

ISBN 979-11-5752-723-6   03230

www.nexusbook.com
넥서스CROSS는 (주)넥서스의 기독 브랜드입니다.

하나님을 소개하는 친구

새신자를 위한 성경 인물 가이드

김덕건 지음

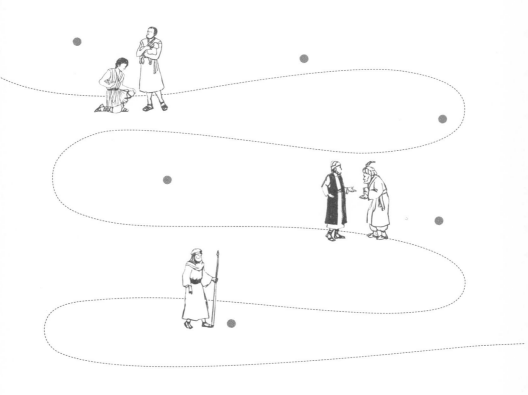

넥서스CROSS

제가 사는 미국 텍사스 주변을 한 겨울에 비행기에서 내려다보면 뿌연 모래 빛깔입니다. 사막도 이런 사막이 없습니다. 이곳에서 폭염과 혹한을 경험하면서 이스라엘 민족이 광야에서 경험한 구름 기둥과 불기둥이 얼마나 귀했는지를 어렴풋이 짐작할 수 있었습니다.

그럴 때면 산행하다 만난 약수터에서 목을 축이던 생각이 납니다. 마치 사막에서 오아시스를 만난 것과도 같은 시간입니다. 약수 한 바가지 들이키면 갈증이 씻은 듯 가시고, 머리부터 발끝까지 시원해졌습니다. 샘은 딱딱한 지표를 뚫고 솟구치는 물입니다. 약수, 오아시스, 우물, 온천 등 다양한 모습으로 다양하게 기능합니다. 특히 가문 날에 마르지 않는 샘은 아주 귀하고 소중한 가치를 지니지요.

한국에서 목사의 아들로 태어나 목회자가 된 제게 이민 목회는 저의 한계와 부족함을 한없이 발견하게 만들었습니다. 나름 인정받았던 한국에서의 경험들이 무색할 정도로 처음에는 사정없이 헤맸지요. 제 노력과 의지로는 아무것도 할 수 없는, 밑바닥을 치는 경험이 계속되었습니다.

그런 환경에서 찾은 한줄기 빛은 바로 말씀이었고, 말씀은 제게 샘이 되었습니다. 특별히 하나님을 만난 성경 속 사람들의 이야기가 오늘 제 삶의 자리에서도 그대로 이어짐을 배웠습니다. 닮고 싶고 친구하고 싶은 성경 속 인물이 늘어갔습니다. 삶의 자리는 모두 달랐지만 그들은 예외 없이 어렵고 곤비한 아픔과 시련 속에서도 생명을 공급받아 그 생명을 증거하고 있었습니다. 그들은 제게 큰 소리로 하나님이 어떤 분이신지를 이야기해 주었습니다. 생명의 샘이신 하나님을 만나 목마른 삶과 환경에서 해갈을 경험한 사람들의 이야기가 다시 샘이 되어 제 갈급함을 적셔 주었던 것입니다.

이 책 《하나님을 소개하는 친구》를 통해 같은 은혜가 이어지기를 소망합니다. 제 구약의 친구들이 소개하는 하나님이 여러분의 삶에서 만나지기를 기대합니다.

"샘을 보고 하늘을 본다"라는 속담이 있습니다. 한없이 넓은 하늘에는 무관심하였다가 샘 속에 비친 하늘을 보고서야 비로소 하늘을 쳐다본다는 뜻으로, 늘 보고 겪는 것에 대하여 우연히 새롭게 인식하게 됨을 이르는 말입니다. 이 책이 하나님을 비추는 샘이 되었으면 좋겠습니다.

김 덕 건 목사

차
례

part 3

하나님, 말씀하시네

part 6

하나님, 광야를 지나게 하시네

하 나 님 을   소 개 하 는   친 구

part 1

하나님,

은혜를
베푸시네

#01
가죽옷 부둥켜안고
– 아담과 하와

언젠가 동영상으로 모피 제조 과정을 본 적이 있습니다. 그동안 모피 입는 것을 고기 먹는 것처럼 예사롭지 않게 여겼던 제 생각이 송두리째 부서지는 순간이었지요. 충격적인 장면이 한동안 떠나지 않아 힘들기도 했습니다.

그런데 〈창세기〉를 보면 사람이 동물의 가죽옷을 입게 된 이야기가 등장합니다. 바로 달콤해 보이는 선악과의 유혹 앞에서, 어떤 투철한 의지나 용기로 맞서지도 못하고 넘어진 아담과 하와 이야기입니다. 그들의 죄된 수치심을 덮어 주기 위해, 자기의 가죽을 내줄 수밖에 없었던 첫 번째 동물의 죽음을 떠올려 봅니다.

사람은 유혹에 넘어지는 순간 죄와 손을 잡게 됩니다. 굳이 두 가지를 따로 떼어서 생각할 필요가 없을 정도이지요. 넘어진 모든 사람이 후회를 하지만 단순히 후회하는 것으로는 하나님 앞으로 한 발자국도 내딛기 어렵습니다. 오히려 자포자기하고 여러모로 위축되어 하나님을 피하고만 싶어지게 만듭니다. 아담과 하와처럼 말입니다(창 3:8).

우리 역시 난처한 상황에 처하면 아무도 만나고 싶지 않지요. 특히 나의 실수로 일이 틀어진 경우 더더욱 그렇습니다. 생각 같아서는 얼른 털고 일어설 수 있을 것 같은데, 마음이 허락하지를 않아요. 마음을 추스르는 동안에는 그 어떤 일도 손에 잡히지 않습니다. 그저 빨리 시간이 흘렀으면 할 뿐입니다.

아담과 하와에게 걷잡을 수 없이 몰려온 두려움은, 하나님과의 약속을 어긴 죄가 얼마나 두려운 것인지를 보여 주고 있지요. 수치심에 나뭇잎이라도 쥐어 봤지만, 그 무엇으로도 죄로 인한 두려움을 덮을 수는 없었습니다(창 3:7). 어떤 구실도 통할 것 같지 않아 그저 몸을 숨긴 그들에게 하나님의 음성이 들려옵니다. 더 이상 피할 수도 없고 큰일입니다.

⁹여호와 하나님이 아담을 부르시며 그에게 이르시되 네가 어디 있느냐 ¹⁰이르되 내가 동산에서 하나님의 소리를 듣고 내가 벗었으므로 두려워하여 숨었나이다 _창 3:9-10

주님을 만나고 싶지 않은 아담과 하와. 죽음의 공포를 그들은 뼛속 깊이 느낍니다. 하나님의 심판으로 인해 하와는 수고하여 자식을 낳게 되며 남편의 다스림을 받게 될 것이고, 아담은 평생 수고해야 땅의 소산을 먹을 수 있게 됩니다(창 3:16-17).

모든 것이 끝났다고 생각할 때였습니다. 더 이상 하나님의 사랑을 기대하기 어렵고, 실낱같은 소망 하나 보이지 않는 순간에, 한줄기 빛이 내려옵니다. 불순종하여 죄를 범했기에 더는 에덴을 누릴 수 없는 그들, 불안에 떠는 그들을 불쌍히 여겨 주님이 가죽옷을 준비하신 것입니다. 가죽옷은 '피흘림'(히 9:22)을 통한 용서와 구원의 시작을 뜻합니다.

> [20]아담이 그의 아내의 이름을 하와라 불렀으니 그는 모든 산 자의 어머니가 됨이더라 [21]여호와 하나님이 아담과 그의 아내를 위하여 가죽옷을 지어 입히시니라 _창 3:20-21

가죽옷은 온몸과 마음을 따뜻하게 해주었지요. 이는 말보다 더 깊이 와닿는 용서, 하나님의 사랑이었습니다(요일 4:8). 아담과 하와는 가죽옷을 부둥켜안고는, 바로 입지도 못하고 한동안 울었을지 모릅니다.

에덴을 쫓겨나 죄의 대가를 치르며 산 아담과 하와는 그들의 남은 인생을 후회하며 살았을지도 모릅니다. 그러나 하나님께서는 아담과 하와를 버리지 않으셨습니다. 이들이 살아가야 할 길이 되시고, 필요를 채우셨으며, 은혜로 안아 주셨습니다(요 1:17). 깊은 절망의 순간에도 새 희망을 주시는 하나님의 사랑은 그렇게 가죽옷을 통해 나타난 것입니다.

> 그리스도께서 너희를 사랑하신 것같이 너희도 사랑 가운데서 행하라
> 그는 우리를 위하여 자신을 버리사 향기로운 제물과 희생 제물로 하나
> 님께 드리셨느니라 _엡 5:2

그 옛날 아담과 하와에게 임했던 하나님의 은혜는, 십자가의 사랑으로 지금 우리에게 다가옵니다. 죄와 더불어 사는 우리를 위해 예수님은 친히 자신의 살과 피를 내어 주셨습니다. 살아 있는 동물을 죽인 뒤 그 가죽으로 옷을 지어 보호하신 하나님의 사랑은 우리를 구원하기 위해 예수님을 보내신 것에서 절정에 이릅니다(요 3:16).

예수님은 십자가를 지심으로 죄악 가운데 버려진 우리를 영원한 구원의 길로 인도합니다. 십자가를 통해 우리에게 완전한 가죽옷의 사랑을 보이신 하나님께 온 마음과 정성을 다해 나아갔으면 좋겠습니다.

† 말씀 배경

아담은 '사람-인류'를, 아담의 아내 하와는 '모든 산 자의 어머니'를 뜻한다(창 3:20). 이들은 하나님께서 생기를 불어넣으셔서 생령이 되었다(창 2:7). 아담과 하와는 인류 최초의 '돕는 부부'였다(창 2:18).

아담과 하와는 하나님 형상으로 창조되어 복을 누리며 살았다(창 1:27). 하지만 그들은 선과 악을 알게 하는 나무의 열매를 먹지 말라는 하나님의 말씀에 불순종했고(창 3:1-6), 그 죄의 대가로 에덴동산에서 쫓겨났다(창 3:22-24). 하나님은 쫓겨나는 아담과 하와를 '사랑의 가죽옷'으로 보호하셨다.

† 골방 일기

1. 가장 수치스럽게 느껴지는 나의 죄는 무엇인가요?

_____

_____

_____

2. 그 가운데 경험한 '가죽옷'과 같은 하나님 사랑을 고백해 봅시다.

_____

_____

_____

#02
에덴의 동쪽에서
-가인

🍃 성경 공부 모임에서 "예수님이 오늘 내게 오신다면 나는 무슨 말을 하고 싶을까?"라는 주제로 한참 이야기꽃을 피웠습니다. 그런데 대부분은 아직 예수님 앞에 설 준비가 되지 않았다며, 죄된 모습 때문에 두려울 것 같다 말했지요. 우리 안에 있는 죄의 본성 때문에 하나님 앞에 서는 것을 두려워하는 우리의 현재 모습을 다시금 발견했습니다.

가인과 아벨은 불순종의 1세대인 아담과 하와의 아들입니다. 그들의 몸에는 하나님과 단절된 죄의 피가 흐르고 있었습니다. 하나님께 예물을 올려드리는 가인과 아벨의 이야기에서 이를 잘 볼 수 있습니다.

가인과 아벨은 어렸을 때부터, 자신들은 전혀 실감할 수 없는 에덴

이야기를 듣고 자랐을 것입니다. 하나님께 순종하는 것이 죽고 사는 문제와 얼마나 직결된 것인지, 따라서 하나님께 예배하는 것이 얼마나 중요한 일인지 반복적으로 듣고 배웠을 것입니다.

그런데 하나님이 아벨과 아벨의 예배만을 받으셨습니다. 여기에 불만을 품은 가인은 원망을 고스란히 동생 아벨에게 돌렸고, 동생을 원망하는 마음은 어느새 증오심으로 바뀌었습니다. 가인의 마음은 걷잡을 수 없는 지경이 되고 말았습니다(창 4:4-5).

분노를 다스리지 못한 가인은 기어코 동생을 죽입니다. 하나님께 "죄를 다스려야 한다"라는 말씀을 들었지만, 어느 순간부터 통제 불능이 되어 결국 살인죄를 저지른 것입니다(창 4:8). 동생이 죽고 죄책감과 두려움에 휩싸인 가인은, 혹시 누군가 내 죗값을 물으러 오지 않을까 노심초사합니다.

> 주께서 오늘 이 지면에서 나를 쫓아내시온즉 내가 주의 낯을 뵈옵지 못하리니 내가 땅에서 피하며 유리하는 자가 될지라 무릇 나를 만나는 자마다 나를 죽이겠나이다_창 4:14

인생의 짐이 무거워질 때면 가인은 동생의 얼굴을 떠올렸을 것입니다. 돌에 맞아 신음하며 죽어가던 동생이, 피 범벅이 되어 괴로워하던 아벨이 말입니다. 그러면 또다시 죄책감이 가인의 마음을 짓누릅니다. 그러나 후회해도 소용 없습니다. 다만 하나님의 음성을 경홀히 여겼던 자신을 돌아볼 뿐입니다. 죄를 다스리라고 권면하신 주님의 음성은, 시험을 예비하는 사랑의 채찍이었습니다.

에덴을 쫓겨난 부모님에게서 언젠가 들었던 가죽옷 이야기는 가인에게는 그저 옛날이야기였습니다. 그런데 그 이야기는 우리의 삶 전체를 인도하시는 하나님의 살아 있는 은혜의 말씀입니다.

그 주님은 가인에게도 그대로 찾아와, 힘들고 어려울 때마다 전혀 예상치 못한 피할 길을 예비하셨습니다. 두려워 떨고 있을 때에도, 주께서는 예측할 수 없는 방법으로 좋은 길을 안내하셨지요(요 14:18). 비록 죄에 상응하는 값을 치렀지만(롬 6:23), 가인은 깨닫습니다. 오직 주님만이 내 삶을 이끄시는 열쇠요 통로라는 것을 말입니다.

> 여호와께서 그에게 이르시되 그렇지 아니하다 가인을 죽이는 자는 벌을 칠 배나 받으리라 하시고 가인에게 표를 주사 그를 만나는 모든 사람에게서 죽임을 면하게 하시니라_창 4:15

가인은 아벨을 죽인 죗값으로 광야의 떠돌이가 되어 혹독한 대가를 치렀지만, 그가 받은 주의 은혜는 말할 수 없이 컸습니다. 모든 사람에게서 죽임을 면하게 해주셨고, 하나님 사랑 안에 가정을 주셨으며, 자녀(에녹)도 허락하셨습니다(창 4:17). "생육하고 번성하라"는 약속의 말씀은 가인에게도 실제가 되었지요(창 1:28). 세상에서 버림받은 줄 알았으나 주님은 끝까지 포기하지 않으셨습니다.

사랑으로 채찍질하신 주님은 가인에게 남은 삶의 유일한 희망이자 안식처였습니다. 가인을 돌보신 것입니다. 주님은 죄를 미워하시지만, 죄로 인해 죽게 된 이들을 끝까지 사랑하셨습니다(요 13:1).

오늘도 주님은 이 땅의 모든 지친 어깨에 새 힘을 더하십니다. 낭떠러지에 선 것 같은 위기에 처한 우리를 지키시며, 죄로 가득한 우리를 구원하기 원하십니다. 살인자 가인, 모세, 다윗을 용서하신 하나님은, 십자가에 달린 강도조차 구원하기를 원하시는 은혜의 주님입니다(눅 23:43).

인자는 와서 먹고 마시매 말하기를 보라 먹기를 탐하고 포도주를 즐기는 사람이요 세리와 죄인의 친구로다 _마 11:19a

도저히 용서받지 못할 것 같은 죄 가운데 살아왔나요? 사랑의 예수님께서는 그런 죄인 된 우리를 찾아오십니다. 우리 역시 십자가의 은혜를 힘입어 살아가기를 원하시면서요. 이제 남은 삶을 죄인의 친구이신 주님을 만나 회개하고, 그분께서 공급하시는 십자가 은혜 안에 살 수 있기를 기대합니다.

✝ 말씀 배경

가인은 아담의 장자로, '얻다, 획득하다'라는 뜻이다. 그는 농사를 지어서 그 땅의 소산을 하나님께 드렸다(창 4:3). 가인은 하나님께서 자신의 예물을 받지 않으신다는 이유로 분을 참지 못하고 동생을 살인했다(창 4:6-8). 동생 아벨은 '허무하다'라는 뜻이다. 그는 처음 마음을 담아, 양의 첫 새끼와 기름으로 하나님을 예배했다(창 4:4). 하나님께서는 아벨의 믿음을 인정하셨으나(히 11:4), 가인의 행실은 악하다고 평가하셨다(요일 3:12).

✝ 골방 일기

1. 용서받을 수 없을 것 같은 죄가 혹시 떠오르나요?

_____

_____

_____

2. 하나님은 그것에 대해 무엇이라 말씀하시나요?

_____

_____

_____

#03
붉은 줄로 맺은 약속
- 라합

🍃 어린 시절 길을 잃은 적이 있습니다. 눈앞에 계시던 어머니가 보이지 않아 정신없이 이곳저곳을 헤맸습니다.

"아휴, 큰일날 뻔했잖아!"

잠시 후 어머니께서 뒤에서 다가와 저를 와락 안으며, 눈물과 콧물로 범벅이 된 제 얼굴을 닦아 주셨습니다. 어머니와 다시 만나자 무섭게 몰아치던 두려움이 한순간에 사라지고 안도감이 밀려왔습니다. 지금도 그 기억을 잊을 수가 없습니다.

여리고 성 사방에서 들려오는 나팔 소리에, 라합의 가족은 허둥지둥 라합의 집에 모여들었습니다. 가족 모두 뿔뿔이 흩어질 수도 있는 비상사태입니다. 성벽이 무너진 이후 전쟁은 가속화되는데 할 수 있는 일이 없었습니다(수 6:20).

라합은 전쟁이 일어나기 얼마 전, 여리고를 찾은 정탐꾼이 자신의 집을 찾아와 깜짝 놀랐습니다. 오래 전부터 듣기만 했던 두려운 이들, 갈라진 홍해를 건너고 수많은 왕을 굴복시킨 이들이었습니다. 무엇보다 하나님이 늘 함께한다는 그 자자한 소문을 들어왔던 까닭일까요? 아무리 마음을 가다듬으려 해도, 두려워서인지 입술도 손도 말을 듣지 않습니다. 다리까지 후들거립니다.

그러나 그녀는 그 모든 두려움을 접고, 정탐꾼을 숨겨 주기로 결심합니다. 그리고 그들을 무사히 탈출시키는 데 성공하지요. '너희의 하나님'이 하신 일을 들었을 뿐인데, 언제부터인가 그분을 '나의 하나님'으로 섬기고 싶은 마음이 꾸준히 찾아왔던 탓일까요?

> [10]이는 너희가 애굽에서 나올 때에 여호와께서 너희 앞에서 홍해 물을 마르게 하신 일과 너희가 요단 저쪽에 있는 아모리 사람의 두 왕 시혼과 옥에게 행한 일 곧 그들을 전멸시킨 일을 우리가 들었음이니라 [11]우리가 듣자 곧 마음이 녹았고 너희로 말미암아 사람이 정신을 잃었나니 너희의 하나님 여호와는 위로는 하늘에서도 아래로는 땅에서도 하나님이시니라 _ 수 2:10-11

하나님이 하신 일을 가슴속에 틈틈이 새겨 두었던 그녀에게, 정탐꾼들의 방문은 어쩌면 반가울 수도 있었습니다. 그들이 찾아오지 않았다면, 내심 궁금했던 그들을 만날 수 없었을 테니까요.

'달의 여신 숭배'와 같은, 여리고의 온갖 타락한 문화에 지쳐 있던 그녀의 영혼은, 진리에 무척 갈급한 상태였나 봅니다. 그들을 반갑게 맞이한 것은, 어쩌면 그들을 감싸고 계신 하나님을 반기는 그녀만의 표현이었을지 모릅니다.

수수께끼처럼 라합의 집 창문에 붉은 줄이 걸립니다.

> ¹⁸우리가 이 땅에 들어올 때에 우리를 달아내린 창문에 이 붉은 줄을 매고 네 부모와 형제와 네 아버지의 가족을 다 네 집에 모으라
> ²¹라합이 이르되 너희의 말대로 할 것이라 하고 그들을 보내어 가게 하고 붉은 줄을 창문에 매니라_수 2:18, 21

전쟁이 끝났습니다. 약속했던 붉은 줄로 라합의 집에 구원의 문이 활짝 열렸습니다. 오랜 세월 여리고에서 방황했던 라합입니다. 기생으로서 아픔, 타락, 황폐함만을 느끼던 어두운 삶에, 한줄기 빛이 '붉은 줄'을 타고 내려온 것입니다(수 6:25).

이방인이자 기생이었던 그녀를 다윗과 예수 그리스도의 선조로 삼으신 '하나님의 은혜'는, 지금도 우리에게 내려옵니다. 자격 없어 보이고, 죄 많고 흠 많은 우리에게 사랑의 붉은 줄은 지금도 내려오고 있는 것입니다. '예수님의 보혈의 은혜'는 하나님의 '사랑의 줄'입니다.

> ¹⁹또 떡을 가져 감사 기도 하시고 떼어 그들에게 주시며 이르시되 이것은 너희를 위하여 주는 내 몸이라 너희가 이를 행하여 나를 기념하라 하

시고 [20]저녁 먹은 후에 잔도 그와 같이 하여 이르시되 이 잔은 내 피로 세우는 새 언약이니 곧 너희를 위하여 붓는 것이라_눅 22:19-20

예수님의 피와 살을 먹고 마시고 받아들이는 누구에게나 새로운 생명의 줄이 시작됩니다. 이것은 우리를 위한 하나님 사랑의 증거요 은혜의 수단입니다.

이제 하나님의 붉은 줄을 잡아야겠습니다. 우리를 향해 끊임없이 다가오는 구원의 기회입니다. 사랑의 끈을 놓지 않고 계속해서 우리의 신앙과 열정을 찾으시는 아버지의 마음입니다.

✝ 말씀 배경

라합은 '넓은'이라는 뜻이다. 그녀는 여리고 성에 살던 이방인 매춘부였다.
라합은 살몬이라는 유대인 남자와 결혼하여 아들을 두었는데 그는 이후
이방 여인 룻과 결혼한 보아스이다.
라합은 '다윗과 예수님'의 두 계보에 이름이 올랐고, 예수님의 족보에서는
보아스의 어머니로 기록되었다(마 1:5). 그녀는 여호수아가 보낸 두 명의
정탐꾼을, 성벽 위에 있는 자신의 집에 숨겨 구원을 받았다.

✝ 골방 일기

1. 자격 없는 나를 받아 주시는 하나님의 은혜를 경험한 적 있나요?

_____

_____

_____

2. 구원의 감격과 은혜를 오늘도 경험하나요?

_____

_____

_____

#04
후회 없는 사랑
-룻

고부간의 갈등은 우리나라에 국한되어 있지 않습니다. 전 세계에 걸쳐서 비슷하게 일어나고 있는 현상입니다. 재미있는 예로 스페인에는 "시어머니는 설탕으로 만들었어도 쓰디 쓰다"라는 속담이 있고, 몽골에서도 "멀리 떨어져 있을수록 좋은 것은 시부모"라고 합니다.

시어머니와 며느리의 관계는 가장 민감한 부분이며 지금도 고부간의 갈등으로 힘겨워하는 가정이 적지 않습니다. 그분들의 힘들고 지친 마음이 회복되는 일도 결코 녹록치 않아 보입니다. 성경에 등장하는 시어머니 나오미와 며느리 룻 역시 힘든 시간을 이겨 낸 이들이었습니다.

먼 타지에서 남편과 자녀 둘을 모두 잃은 나오미는 심장이 터져버릴 것만 같았습니다. 자신의 막막한 슬픔을 다독이기도 전에 며느리들의 앞길을 살펴야 하는 나오미는, 평소에 며느리를 인격적으로 대우하던 시어머니였습니다. 그렇지 않았다면 아들의 죽음 앞에서 며느리를 탓했을 것입니다. 너무 힘든 일을 당했을 때 그 모든 정황을 남의 탓으로 돌리면, 죄책감이 덜어지는 듯한 심리 때문일까요? 예기치 못했던 죽음을 맞은 장례식장에서, 그러한 원망이 솟구치는 장면을 몇 번 본 적이 있습니다.

그런데 나오미에게서 며느리들에 대한 그 어떤 불평도 찾을 수 없습니다. 이성을 차리기엔 아직 이른 시점인데 자신은 고향으로 돌아가겠다면서 그녀들의 앞길을 나직하게 축복하는 나오미를 봅니다.

아가, 어서 돌아들 가거라. 나는 이렇게 늙어 이젠 재혼할 수도 없는 몸이다. 나에게 무슨 희망이 더 있겠느냐?_롯 1:12a, 공동번역

롯은 그토록 자신을 아껴 주던 시어머니와의 이별이, 남편과의 사별만큼이나 아프고 두려웠습니다. 그렇다고 한 번 밟아본 적도 없는 땅을 무모하게 따라나서는 것 또한 어려운 일입니다. 그런데 롯은 그동안 자신을 부드럽게 감싸 안았던 어머님을 이제는 지켜드리고 싶었습니다(롯 1:16).

롯의 이러한 부모 공경은 하나님을 향한 마음에서 비롯되었습니다. 롯은 어머니와 함께하시는 하나님을 만났고, 어머니의 하나님을 계

속 순종하며 따르고 싶었습니다(어머니의 하나님이 저의 하나님입니다: 룻 1:16). 결국 이러한 룻의 신앙관은 생명을 살리고 가정을 회복하는 원동력이 되었습니다.

> 어머님이 눈 감으시는 곳에서 저도 눈을 감고 어머님 곁에 같이 묻히렵니다. 어떠한 일이 있어도 안 됩니다. 죽음밖에는 아무도 저를 어머님에게서 떼어 내지 못합니다. _룻 1:17, 공동번역

다시 보니 참 감동적인 장면입니다. 세상의 어느 며느리가 시어머니에게 이렇게 고백할 수 있겠습니까? 평소에 시어머니와의 갈등으로 전전긍긍했다면 이러한 고백은 결코 나올 수 없었을 것입니다.

둘 사이에 깊은 배려로 쌓아온 사랑의 신뢰가, 죽음도 불사하는 이같은 확고한 다짐을 불러일으킨 것입니다. 훗날 시어머니의 조언에 따라 룻은 보아스와 결혼하게 되었고, 그녀의 가정은 다윗의 조상과 예수님의 조상이 되는 큰 축복을 받게 됩니다(룻 4:13-22).

> 너는 네 하나님 여호와께서 명령한 대로 네 부모를 공경하라 그리하면 네 하나님 여호와가 네게 준 땅에서 네 생명이 길고 복을 누리리라
>
> _신 5:16

성경은 부모님을 공경할 때, 비로소 '행복'을 누릴 수 있다고 말씀합니다. 사랑은 진정한 자유를 가져다주기 때문입니다. 물론 배려와

존중이 상호간에 이루어져야 아름다운 룻과 나오미의 사랑 이야기를 우리도 이어갈 수 있겠지요.

> 자녀들아 모든 일에 부모에게 순종하라 이는 주 안에서 기쁘게 하는 것 이니라 _골 3:20

많은 사람이 가족 안에서 아픔과 상처를 경험합니다. 그러나 서로를 위해 흘리는 진정한 눈물은 상처를 아물게 하는 연고입니다. 내가 이해받고 싶은 만큼 상대방을 이해하고, 용서받고 싶은 만큼 상대를 용서해 주는 것은 나 자신을 위하는 길입니다. 서로 아껴주는 사랑이 나 혼자 애쓰는 사랑보다 훨씬 가치가 있으니까요.

넘치도록 사랑했던 룻과 나오미처럼, 서로에게 후회 없는 사랑을 건네 보시기 바랍니다. 어색하더라도 닫혀 있는 마음을 노크해 보세요. 어쩌면 예상과는 반대로 당신을 오랫동안 기다려 왔을지 모릅니다.

† 말씀 배경

나오미(뜻: 기쁨)는 남편 엘리멜렉(뜻: 나의 하나님은 왕)과 두 아들과 함께 모압 땅으로 이주했다. 그런데 모압 땅에서 나오미의 남편 엘리멜렉이 세상을 떠난다. 두 아들은 오르바와 룻과 결혼했는데 그들도 곧 죽었다(룻 1:3-5).

룻(뜻: 동료, 친구)은 사사들이 이스라엘을 통치하던 시대에 살았는데, 나오미의 아들 말론의 아내로 살다가 과부가 되었다(룻 1:1). 그녀는 시어머니 나오미에게, "어머니의 하나님이 나의 하나님"이라고 고백하며 나오미를 따랐다(룻 1:16). 결국 그녀는 이스라엘 땅에서 보아스와 재혼해, 손주(이새)를 통해 다윗을 얻는다(룻 4:13).

† 골방 일기

1. 가족과의 관계에서 경험한 아픔이 있다면 무엇입니까?

_____

_____

_____

2. 하나님은 오늘 그 아픔 가운데 내게 무엇을 원하실까 생각해 봅시다.

_____

_____

_____

#05
현실과 우정 사이
-요나단

🌿 "팔은 안으로 굽는다."

친구들을 좋아하던 사춘기 시절에는 이 속담을 우습게 생각했습니다. 그런데 조금씩 철이 들고 부모님 얼굴에 주름이 보이던 때부터, 팔은 안으로 굽는 게 당연한 것으로 알고 삽니다.

그러고 보니 아주 꼬마였을 때도, 누군가 부모님 흉을 보면 고사리 같은 두 손을 불끈 쥐었던 기억이 납니다. 명절 때 친척 어르신들이 쪼그만 것이 그러는 게 귀여워 장난삼아 부모님 흉을 그렇게 보셨답니다. 그러면 저와 누님이 참지 못하고 울음을 터뜨렸다고 하시더군요.

그런데 성경에 이러한 불문율을 깨뜨린 사건이 등장합니다. 바로 요나단과 다윗의 우정 이야기입니다. 처음에는 사울 왕도 다윗으로 인한 이스라엘의 승리에 뛸 듯이 기뻐했지요. 그러나 백성이 왕인 자신보다 다윗을 더 인정하는 것 같은 분위기를 감지하고는, 한낮 양치기에 불과했던 그를 라이벌로 간주하기 시작했습니다(삼상 18:6).

사울의 아들 요나단도 다윗을 의식하는 아버지의 마음을 이해 못하는 것은 아니었습니다. 그 자신도 다윗이란 친구의 그 불같은 용맹이 도대체 어디서부터 온 것인지 궁금했습니다. 더군다나 백성 사이에서 한 나라의 왕자인 자신보다, 왕인 아버지보다, 더 큰 명성을 얻은 다윗이 막연히 거슬리기도 했습니다.

그런데 골리앗과의 싸움, 그 광경을 처음부터 끝까지 지켜보았던 요나단은 그야말로 한눈에 다윗에게 반해 버렸습니다.

> [1]다윗이 사울에게 말하기를 마치매 요나단의 마음이 다윗의 마음과 하나가 되어 요나단이 그를 자기 생명같이 사랑하니라 [2]그날에 사울은 다윗을 머무르게 하고 그의 아버지의 집으로 다시 돌아가기를 허락하지 아니하였고 [3]요나단은 다윗을 자기 생명같이 사랑하여 더불어 언약을 맺었으며 _삼상 18:1-3

진정한 우정은 만나자마자 만들어지는 것이 아닙니다. 사람은 겪어 봐야 아는 것이고, 오랜 우정에도 금이 가니까요. 찬찬히 친분을 쌓아온 두터운 관계일지라도 한 번의 실수로 그 신뢰가 한순간에 무너지기도 하는데(행 15:2), 잠깐 보게 된 어느 낯선 사람의 대단한 용맹이 도대체 뭐 그리 믿을 만하기에, 요나단은 바로 그 자리에서 평생토록 다윗을 자기 생명같이 사랑하겠노라 약속한 것일까요? 혹 남녀의 사랑이라면 그럴 수도 있겠다 싶지만, 친구 사이의 우정이 이런 경우는 처음 봅니다.

저는 예전부터 다윗과 요나단의 우정이 참 부러웠습니다. 부모로서 제 아이들에게 요나단과 같은 친구를 붙여달라고 기도했고, 제 자신도 이런 친구를 만나고 싶었습니다. 사실 한 나라의 왕자가 나를 보자마자 끌어안고 자신의 옷을 벗어 내게 입혀 주고 자신이 아끼는 칼과 활과 띠를 건네 준다는 것은(삼상 18:4) 듣기만 해도 가슴이 뛰는 그런 일이 아닌가요?

왕자가 무엇이 아쉽고 모자라서 그저 상대의 마음 하나만을 무작정 바란 채 혹은 아무것도 바라지 않은 채 일방적으로 자신의 생명을 내놓겠다는 말인지, 도무지 제 머리로는 납득이 가지를 않더군요. "그런 친구가 세상에 어디 있겠어?"라며 요나단을 다윗을 위한 하나님의 특별 선물쯤으로 여겨 왔습니다.

사울이 아들 요나단과 모든 신하에게 다윗을 죽이라 말하자 요나단이 사울에게 다윗을 칭찬하며 "원하건대 왕은 신하 다윗에게 범죄하지 마옵소서" 하고 다윗의 목숨을 살린 적이 있습니다(삼상 19:1~4). 요나단은 이때 다윗의 가치를 계산해서 왕의 명령을 뿌리친 것이 아니라, 다윗을 생명처럼 사랑하기에 목숨을 걸고 그를 지킨 것입니다(삼상 18:1).

말씀을 묵상하면서 나에게 이런 우정은 찾아오기 힘들 거라며 쓸쓸해하고 있는데, 문득 예수님이 그러시는 것만 같았습니다.

"그럼, 난 너에게 뭐니?"

아무것도 아닌 나에게 하늘의 왕 되시는 그분께서 직접 찾아와 "너를 생명같이 사랑한다"라며 지금까지 수도 없이 말씀하셨습니다. 어떤 위협과 고난에서도 목숨을 걸고 나를 지키겠다고 하신 그 주님은, 십자가 사랑을 통해 이미 그 약속을 이루셨습니다. 그런데도 그 놀라운 사랑 앞에 이토록 무덤덤하게 반응하며 살아오다니요. 제 자신이 너무도 부끄럽습니다. 그걸 왜 몰랐을까요? 내게도 그리고 여러분에게도, 다윗과 요나단의 우정이 이미 있었다는 것을 말입니다.

사람이 친구를 위하여 자기 목숨을 버리면 이보다 더 큰 사랑이 없나니

_요 15:13

✝ 말씀 배경

요나단은 "여호와께서 주셨다"라는 뜻이다. 그는 사울 왕의 큰 아들로서 매우 용감하고 신앙심이 돈독했다. 요나단은 후에 폭군이 된 아버지 사울 왕과 다윗 사이를 중재해 보려 애썼지만 실패했다. 그는 진실한 우정을 나누었던 다윗이 사울 왕으로부터 도망치도록 도왔다(삼상 20:18).

요나단은 부모와의 관계에서도 신의를 지켜, 길보아 전투에서 아버지와 함께 전사하였다(삼상 31:2). 다윗은 사울과 요나단이 죽은 후, 요나단의 외아들 므비보셋에게 사울의 전 재산을 되돌려 주었다(삼하 1장).

✝ 골방 일기

1. 온 세상을 품을 만한, 넉넉한 사랑을 받는다고 생각하나요?

_____

_____

_____

2. 내게 그 사랑을 우정으로 표현할 만한 대상은 누구인가요?

_____

_____

_____

#06

세상 죄를 짊어지고

- 아비가일

🍃 "목사님 제가 할게요!"

어떤 일에든 이렇게 답하는 집사님이 한 분 계십니다. 갑작스러운 일이나 주저할 만한 일이라면 오히려 더 흔쾌히 해내고는 하지요. 다른 이의 실수를 보면 넉넉하게 한바탕 웃어 주고 또 상대가 무안하지 않게 조심스럽게 뒷일을 감당해 주는 분들을 보면, 마음 한구석이 든든하고 기뻐집니다. 입가에 미소를 짓게 하는 그런 분들에게서 아비가일의 모습을 발견합니다.

쫓기는 생활에 피곤하고 지친 다윗은 바란 광야에서 아비가일의 남편 '나발'을 만납니다. 다윗은 나발의 양털 깎던 종들을 밤낮으로 담이 되어 안전하게 지켜 주고는, 허기지고 갈 곳 없는 자신과 수하들에게 먹을 것을 주기를 요청했습니다. 나발은 성경에서 "심히 부하다" (삼상 25:2)라고 수식할 정도의 부자였으니, 다윗의 부탁을 들어주는 것은 그리 어려운 일이 아니었습니다.

그런데 나발은 다윗의 배려를 고마워하기는커녕 오히려 정색을 하며, 그 배고픈 부탁을 딱 잘라 거절합니다. 다윗에 대해 못 들었을 리없지만 "내가 어찌 내 떡과 물과 내 양털 깎는 자를 위하여 잡은 고기를 가져 어디로서인지 알지도 못하는 자들에게 주겠느냐"(삼상 25:11)라며, 한때 영웅이라 불리던 사울의 사위 다윗을 무시하며 모른 체하는 겁니다. 가뜩이나 역적으로 몰려 도망다니는 신세도 억울하고 처량한데, 자신을 모욕하는 나발의 언행에 단단히 화가 난 다윗은, 그의 집안 전체를 공격하기로 마음먹습니다(삼상 25:17).

이 같은 급박한 소식을 전해들은 아비가일의 발걸음은, 그녀의 심장 박동수만큼이나 빨라졌습니다. 수많은 적을 물리친 다윗의 명성을 익히 들어왔던 그녀는 남편의 경거망동을 어떻게 수습해야 할지 머릿속이 하얘졌습니다. 평소 남편에게 늘 무시와 압박을 받으며 살았던 그녀는 다윗이 화난 이유를 누구보다 잘 알고 있습니다.

혈기 중천한 400여 명의 군사를 이끌고 오는 다윗에 의해 집안 전체가 쑥대밭이 될 마당입니다. 더군다나 그녀는 마음으로 다윗을 높이 평가하며 그에 대한 신뢰를 쌓아왔던 터라, 더더욱 당황스럽기 그지없습니다(삼상 25:18).

어디서 그런 용기가 나왔을까요? 아비가일은 스스로 잘못을 짊어져 죽을 각오를 하며 다윗을 대면하기로 결심합니다. 다윗과 그의 수

하들을 대접할 양식을 풍족히 챙기고 남편에게는 비밀로 한 채 급히 다윗을 향해 떠납니다. 화가 머리끝까지 난 다윗을 마주치자마자 그녀는 다급히 엎드려 얼굴을 땅에 대고 잘못을 구합니다(삼상 25:23).

주의 여종의 허물을 용서하여 주옵소서 여호와께서 반드시 내 주를 위하여 든든한 집을 세우시리니 이는 내 주께서 여호와의 싸움을 싸우심이요 내 주의 일생에 내 주에게서 악한 일을 찾을 수 없음이니이다

_삼상 25:28

도망자로 소문난 다윗을 가슴깊이 인정하고, 그에게 소망과 기대를 걸었던 그녀의 입에서 선지자의 예언과도 같은 말이 흘러나옵니다. 미리 준비할 겨를도 없는 대사였습니다. 평소에 간직해 오던 다윗에 대한 그녀의 신뢰가 지쳐 있고 화난 다윗의 마음을 진정시키고 크나큰 위로와 감동까지 주고 있습니다(삼상 25:32).

다윗은 힘없는 한 여인이 이토록 온 집안을 책임지고 목숨을 건 채 앞에 나서서, 혈기로 요동치는 자신의 마음을 고요하게 만들어 준 것이 고맙고 부끄럽기까지 합니다. 하마터면 큰 죄를 지을 뻔했으니까요(삼상 25:33). 지혜를 칭찬받은 아비가일을 보며 '완전한 지혜'가 얼마나 유익한지 다시금 깨닫습니다.

그는 정직한 자를 위하여 완전한 지혜를 예비하시며 행실이 온전한 자에게 방패가 되시나니 _잠 2:7

네가 만일 지혜로우면 그 지혜가 네게 유익할 것이나 네가 만일 거만하면 너 홀로 해를 당하리라 _잠 9:12

아비가일의 모습은 죄의 결과로 죽음의 심판대를 눈앞에 둔 우리에게 찾아오신 예수님을 생각나게 합니다. 나의 힘과 노력으로는 용서받을 수 없는 죄를 위해, 아직도 죄인된 나를 위해 죽으신 주님! 그 예수님의 희생이 빚어낸 사랑이 나를 살렸습니다.

이제는 바로 내가 그러한 희생의 삶을 살아서, 생명을 구원하는 일에 동참해야겠습니다. 십자가의 은혜를 경험한 우리에게, 성령께서 충분한 능력을 공급해 주시기를 기도합니다.

인자가 온 것은 섬김을 받으려 함이 아니라 도리어 섬기려 하고 자기 목숨을 많은 사람의 대속물로 주려 함이니라 _마 20:28

✝ 말씀 배경

아비가일은 "내 아버지는 기뻐하신다"라는 뜻이다. 그녀는 마온 땅의 부농(富農) 나발의 아내였으며, 총명하고 용모가 아름다웠다(삼상 25:3). 아비가일은 남편 나발이 갑작스럽게 죽은 후, 다윗의 아내가 되었다(삼상 25:42).

다윗은 아비가일의 지혜를 칭찬하며 복이 있을 것이라고 말했다(삼상 25:32). 아비가일의 분별력 있는 처신은, 화목을 도모해 큰 분쟁을 막았다. 그녀의 섬김의 마음은 모든 그리스도인에게 모범이 된다.

✝ 골방 일기

1. 다른 이의 잘못과 허물에 대한 책임을 지고 그 대가를 지불한 경험이 있나요?

_____

_____

_____

2. 나의 모든 허물을 온전히 지신 예수님의 사랑이 더 깊이 느껴지나요?

_____

_____

_____

#07
인생의 우선순위
-솔로몬1

🍃 자동차를 수리하기 위해 댈러스 정비 센터를 찾았습니다. 뒤따라서 새 타이어를 교체하러 어떤 여성 손님 한 분이 들어오시더군요. 이 손님은 한참 동안 직원에게 타이어 정보를 묻더니, 남편의 의견을 묻고자 전화 통화를 시작했습니다. 그런데 무언가 뜻이 잘 맞지 않는지 한참 공방이 오고가는 눈치였습니다. 구석 모퉁이에 앉아 있던 손님들은, 그 분이 남편의 뜻을 따라 수입 타이어를 살지 저렴한 타이어를 살지 궁금했습니다.

적막이 흐르다가 그 분의 힘찬 말이 대기실에 울렸습니다.

"어허, 당신을 지금까지 지키신 건 하나님이지, 다른 이유는 없어! 그러니 저렴하고 좋은 한국 타이어로 하시구려."

고급 브랜드를 원했던 남편은 아내의 이 한 마디에 결국 승복하였습니다. 대기실 작은 공간에서 들었던 대화는 제게 큰 은혜와 감동을 주었습니다.

"그렇지, 고급 브랜드가 지켜 주는 게 아니지."

어린 솔로몬에게 고급 브랜드로 두른 왕실은 정말 멋졌습니다. 아버지처럼 최고의 자리에 오를 꿈을 꾸는 것이 큰 즐거움이었겠지요. 그런데 아버지 다윗이 세상을 떠나면서 갑자기 왕위에 오르자 그는 매섭고 험한 현실에 부딪치게 되었습니다.

가족의 배신과 충신의 반역 등 주변에 의지할 곳 없어 보이는 상황이 계속되었습니다. 아도니야가 반역을 꾀한 이후에 아비아달을 추방하고, 요압도 시므이도 처형시켰습니다. 왕의 권위로 반역자들을 처형하면 문제가 해결될 줄 알았는데, 문제들이 줄어들 기미는 보이지 않았지요(왕상 2:28).

모든 방법을 동원해서 이웃 나라와 수교를 강화하고 정치적인 노력을 기울여 봤습니다. 하지만 그럴수록 자신의 한계에 부딪힙니다. 그때 아버지의 유언이 그에게 떠오르지 않았을까요?

²내가 이제 세상 모든 사람이 가는 길로 가게 되었노니 너는 힘써 대장부가 되고 ³네 하나님 여호와의 명령을 지켜 그 길로 행하여 그 법률과 계명과 율례와 증거를 모세의 율법에 기록된 대로 지키라 그리하면 네가 무엇을 하든지 어디로 가든지 형통할지라 _왕상 2:2-3

거듭되는 어려움을 겪기 전까지 하나님에 대한 간절함이 없었던 솔로몬입니다. 그러나 계속되는 난관 앞에서 진지하게 하나님을 찾게 되었지요. 결국 솔로몬은 하나님을 만나고자 마음을 단단히 하고 성전에 올랐습니다. 잊고 있던 예배의 중심을 세우면서요(왕상 3:4).

잃어버린 마음을 하나님께로 향했더니, 어느새 가슴이 뜨거워졌습니다. 그 불은 '일천 번제'로 이어졌지요. 작은 공간에서 시작했던 예배는, 최선의 마음을 드리며 넓은 공간으로 옮겨졌습니다.

> ³솔로몬이 여호와를 사랑하고 그의 아버지 다윗의 법도를 행하였으나 산당에서 제사하며 분향하더라 ⁴이에 왕이 제사하러 기브온으로 가니 거기는 산당이 큼이라 솔로몬이 그 제단에 일천 번제를 드렸더니
>
> _왕상 3:3-4

솔로몬의 마음에 예배의 열정이 타올랐습니다. 그는 하나님 앞에 잘못을 뉘우치며 낮아졌지요. 나라 안팎의 일이 산더미처럼 많았지만 솔로몬의 마음에는 하나님을 향한 열망이 더욱 타올랐습니다. 최고의 예물과 시간, 정성과 마음을 하나님께 드렸습니다. 어느덧 그의 영성과 인격도 성숙하였지요. '왕좌'에 앉은 그였지만 하나님 앞에서 더욱 아이처럼 겸손해졌습니다.

> ⁷ … 종은 작은 아이라 출입할 줄을 알지 못하고 … ⁹누가 주의 이 많은 백성을 재판할 수 있사오리이까 듣는 마음을 종에게 주사 주의 백성을

재판하여 선악을 분별하게 하옵소서 … ¹²내가 네 말대로 하여 네게 지혜롭고 총명한 마음을 주노니 네 앞에도 너와 같은 자가 없었거니와 네 뒤에도 너와 같은 자가 일어남이 없으리라 _왕상 3:5-12

겸손하게 구하는 솔로몬에게 하나님은 풍성하게 응답하셨습니다. 하나님이 주신 지혜로 나라를 다스리며, 성전을 건축하는 큰 일 또한 완수하게 됩니다.

그러므로 일렀으되 하나님이 교만한 자를 물리치시고 겸손한 자에게 은혜를 주신다 하였느니라 _약 4:6b

국가적인 위기 속에서 하나님과의 관계를 우선하며 위기를 돌파해 나간 솔로몬이었습니다. 예배에 대한 우선순위가 그를 인생의 전성기로 이끌었습니다. 솔로몬처럼 잃어버린 하나님 사랑과 예배를 회복할 때 진정한 회복의 문이 열릴 것입니다. 우리의 가정과 개인이 주님 앞에 겸손하게 나아감으로 하나님의 응답을 경험하기를 소망합니다.

† 말씀 배경

솔로몬은 '평화'를 뜻한다. 그는 다윗과 밧세바 사이에 태어난 아들로 이스라엘의 3대 임금이 되었다(B.C. 970). 당시에 왕위에 오른 사람은 하나님의 말씀을 자신의 옆에 두고 읽으며 하나님을 경외하는 법을 배웠다. 왕은 하나님께서 하신 말씀을 지켜 행하며 절대 교만하지 말아야 했다. 성경은 좌우로 치우치지 않을 때 왕위가 장구할 것이라고 선언한다(신 17:18-20). 다윗이 임종하고 솔로몬이 왕위에 오를 즈음에 주변의 많은 이가 왕권을 탐냈다. 그는 전방위로 밀려오는 압박감 속에서 하나님으로 인하여 대장부처럼 마음을 강하게 하였다.

† 골방 일기

1. 내 힘으로 일이 되지 않을 때 무엇을 의지하나요?

_____

_____

_____

2. 나의 예배를 회복하기 위해 회개해야 할 죄를 고백해 봅시다.

_____

_____

_____

#08

지혜란 무엇인가
-솔로몬 2

🌿 미국 생활을 시작할 때부터 지금까지 영어는 가장 큰 스트레스를 줍니다. 과연 언제쯤 이 영어 학습의 끝이 보일지 감이 잡히지 않습니다. 한번은 댈러스 더블트리호텔(Double Tree Hotel)을 달러트리호텔(Dollar Tree Hotel)로 잘못 알아들어 아내와 한바탕 웃은 적이 있습니다.

솔로몬처럼 지혜가 있다면, 최소한 작은 일로 인해 고생하는 일이 훨씬 줄어들지 않을까 생각해 봅니다. 읽으면 바로 외워지고, 들은 것이 바로 생각난다면, 명석한 두뇌와 완벽한 지혜를 갖고 있다면, 정말 괜찮지 않을까요?

여호와를 경외하는 것이 지혜의 근본이요 거룩하신 자를 아는 것이 명

솔로몬이 말하는 지혜는 제가 생각해 왔던 '지혜'와 천지 차이였습니다. 솔로몬은 하나님을 경외하고 그분을 신뢰하는 삶 자체가 가장 큰 지혜임을 알았습니다(잠 1:7). 하나님을 더욱 알아가며 그분을 섬기려는 열망이 그의 고백에 담겨 있습니다. 그는 남은 인생을 지혜를 앞세우고 자랑하며, 오직 지혜를 구하고 싶어 했지요(잠 4:7). 하나님께 예배하며 지혜를 구했더니 풍성하게 지혜가 주어졌습니다. 한 아이를 두고 서로 자신의 아이라며 싸우는 여인들을 잘 분별해 냈고(왕상 3:16-28), 훗날 전무후무하게 아름다운 성전을 건축할 수 있었습니다. 하나님 주신 지혜 덕분입니다.

지혜는 '리더십'에도 영향을 주어 협력하며 체계적으로 일을 분배하도록 도왔고(왕상 5장), 백성을 은사에 따라 일할 수 있도록 해주었습니다(왕상 8장). 하나님께서 주신 선물, 지혜 덕분입니다.

솔로몬을 보며 하나님을 잘 모시며 살아가는 삶이 가장 지혜롭고 안전한 것임을 깨닫습니다. 주님께서 정직한 자에게 완전한 지혜를 예비하신다는 말씀(잠 2:7)을 들으며 교만할 때가 얼마나 위험스러운 때였는지를 스스로 돌아봅니다(잠 3:34).

안타깝게도 솔로몬은 지혜의 전성기 이후에 주님으로부터 받은 은혜를 소홀히 여겼습니다. 그의 신앙은 주변 환경에 영향받기 시작했고 결국 이방 여인의 종교를 따르게 되었습니다.

작은 죄는 또 다른 죄를 낳아, 온몸에 죄가 독처럼 퍼졌습니다. '공든 탑'들이 와르르 무너졌고 어느새 파멸의 길로 들어섰지요. 마치 도수장에 끌려가는 소와 같이 되었습니다(잠 7:22). 파멸의 길로 치닫는 솔로몬을 보니, 성공 이후에 영적 균형을 지키는 일이 정말 중요해 보입니다.

> 스스로 지혜롭게 여기지 말지어다 여호와를 경외하며 악을 떠날지어다 _잠 3:7

솔로몬은 믿음을 허무는 작은 우상을 쉽게 용납했고(아 2:15), 이후에 걷잡을 수 없는 영적 혼란이 찾아와 지혜를 파괴시켰습니다. 그는 뒤늦게야 자신의 헛된 발걸음들을 후회했습니다(전 1:2). 늦기는 했어도 다시금 하나님께 돌아왔으니 다행입니다. 오랜 죄의 사슬을 다시금 끊었으니 불행 중 다행입니다. 오늘 뒤늦은 솔로몬의 깨달음이 저와 공동체를 향한 주님의 경고처럼 들려오는 건 왜일까요?

> 전도자가 이르되 헛되고 헛되며 헛되고 헛되니 모든 것이 헛되도다
> _전 1:2
> 일의 결국을 다 들었으니 하나님을 경외하고 그의 명령들을 지킬지어다 이것이 모든 사람의 본분이니라 _전 12:13

우리의 삶이 헛되다고 고백하지 않도록, 일찍부터 하나님의 말씀을 붙듦으로 우리의 본분을 완성하기 원합니다. 하나님을 경외하고 말

씀을 붙들며, 하나님이 원하시는 삶에 서 있기를 소망합니다.

때로 마음이 연약해지고 쓰러지기 쉽지만 주님 앞에 다시 서게 될 날을 고대해 봅니다. 그리고 오늘 주님을 높이며, 이전보다 더욱 주님을 바라보는 삶이기를 간구합니다. 너무 혼탁하고 어지러운 세상이지만, 흔들리지 않고 주님께 더 가까이 나아가는 삶이기를 기도합니다.

† 말씀 배경

지혜는 성경에서 매우 광범위하게 쓰인다. 꿈을 잘 해석한 요셉도 지혜로운 사람으로 인정받았다(창 41:39). 지혜는 하나님의 일을 숙련되게 하는 이들을 지칭하기도 한다(렘 9:17). 성경은 하나님을 지혜의 근원으로 묘사하고(롬 16:17), 예수님을 지혜로운 분으로 묘사한다(마 11:19; 눅 5:52, 7:35).

솔로몬은 지혜의 왕으로 명성을 떨쳤다. 단지 왕이 지혜로울 뿐 아니라 당시 이스라엘의 국력도 강했다. 그의 경비 요원들은 육백 세겔의 금으로 만들어진 방패를 들고 서 있었으며, 14,000대의 병거와 12,000명의 마병을 가지고 있었다(왕상 10:27-29). 그러나 솔로몬의 마지막은 온갖 죄와 타락으로 얼룩졌고 후회하는 삶이었다.

† 골방 일기

1. 내가 원하고 뜻하는 지혜로운 삶은 무엇인가요?

_____

_____

2. 주님 앞에 교만했던 적은 없나요? 무엇이 겸손한 삶일까요?

_____

_____

_____

하 나 님 을   소 개 하 는   친 구

part 2

하나님,

순종을
기뻐하시네

#09
무지개 언덕에 올라
- 노아

🍃 아직 5월 중순인데 밖의 온도가 벌써 36도, 초여름 날씨입니다. 역시 댈러스는 참 덥습니다. 그런데 오후가 되어 날이 어둑어둑해지더니 토네이도가 온다는 경보가 울렸습니다. 처음 맞는 토네이도여서 긴장되었습니다. 한참 후 번개가 요란스럽게 번쩍이더니 천둥소리가 대단합니다. 드디어 올 것이 왔구나 싶었습니다. 그런데 한 몇 분가량 소나기가 쏟아지더니 언제 비가 내렸냐는 듯 하늘은 시치미를 뚝 뗐습니다.

구름 뒤에 숨어 있던 햇살이 슬며시 고개를 내밀더니 두 개의 선명한 무지개가 떠오릅니다. 긴장했던 만큼 무지개가 더욱 반가웠습니다. 그러면서 홍수 심판이 끝난 직후, 복잡다단한 심경으로 무지개를 바라봤을 노아가 떠올랐습니다.

어떤 일을 시작하려고 할 때, 누군가의 위로와 격려는 큰 힘이 됩니다. 그런데 노아는 방주를 짓기로 마음먹었을 때 이미 세상에서의 인정이나 성공은 포기해야 한다는 것을 짐작했을 것입니다. 오랜 세월을 방주 짓는 데 쏟아 부었으니 실제로 사람들이 얼마나 조롱하고 비난했겠습니까? 동네에선 이미 정신 나간 노인네로 정평이 나 있었을지도 모릅니다.

> ¹⁷내가 홍수를 땅에 일으켜 무릇 생명의 기운이 있는 모든 육체를 천하에서 멸절하리니 땅에 있는 것들이 다 죽으리라 ¹⁸그러나 너와는 내가 내 언약을 세우리니 너는 네 아들들과 네 아내와 네 며느리들과 함께 그 방주로 들어가고 _창 6:17-18

끝날 것 같지 않던 방주가 드디어 완성되던 그 날, 노아는 마냥 기뻤을까요?(창 8:7) 방주의 완공은 곧 천하를 멸하겠다는 무서운 심판의 시작이니 노아는 이루 말할 수 없이 두려웠을 것입니다(창 7:23).

방주로 들어간 노아는 마음이 복잡했습니다. 사람들의 비웃음 소리, 험상궂은 얼굴로 협박하던 기억들, 미친 사람 취급하며 혀를 차던 소리들은 점차 멀어집니다. 그런데 살려달라는 아우성 소리가 동물의 울음소리와 섞여 들리는 듯합니다. 점점 커지는 빗소리와 함께 모든 것이 묻히는 듯합니다. 노아에게는 무척이나 두렵고 떨리는 순간이었을 것입니다. 말씀 하나 의지하며 지어온 방주이지만, 하나님의 때는 불현 듯 찾아왔습니다.

¹²사십 주야를 비가 땅에 쏟아졌더라

¹⁸물이 더 많아져 땅에 넘치매 방주가 물 위에 떠다녔으며 _창 7:12,18

방주로 들어와 문이 닫힌 지 여러 날이 지났습니다. 이리저리 잠을 청해 보지만 마음이 편하지 않습니다. 사납게 몰아치는 비바람과 파도에, 그 큰 방주마저 작은 종이배마냥 부서질 듯 위험했겠지요. 비록 비난과 조롱을 받았던 곳이지만, 정든 고향이 잠기는 것을 보며 얼마나 마음이 무너져 내렸을까요?(창 7:17-18)

어느덧 방주 밖의 빗소리는 세상을 향한 하나님의 통곡 소리처럼 들려옵니다. 빗소리를 들으며 노아의 눈에도 눈물이 그렁그렁 맺혔을 것입니다. 또다시 노아는 굵은 빗줄기 소리를 들으며 잠을 청해 봅니다.

철커덕. 노아는 방주가 지면에 닿았을 때의 소리를 기억합니다. 무지개 언덕에 오른 노아는 그때 일들을 다시 떠올려 봅니다. 꿈만 같았던 일들, 탁 트인 아라랏 산의 전경과 처음 움트던 새싹의 감동에 젖어듭니다. 세상을 향한 눈물의 사랑, 주님의 마음을 헤아리면서요.

심판받은 이들을 보며 후회하시는 주님의 눈물이 노아의 마음속에 전해 옵니다. 아마도 노아는 삶이 고단해질 때마다 그 무지개 언덕을 올라 하나님의 사랑을 또다시 생각하며, 지금까지 함께하신 하나님의 은혜를 누렸을 것입니다.

¹³내가 내 무지개를 구름 속에 두었나니 이것이 나와 세상 사이의 언약의 증거니라 … ¹⁵내가 나와 너희와 및 육체를 가진 모든 생물 사이의 내

언약을 기억하리니 다시는 물이 모든 육체를 멸하는 홍수가 되지 아니
할지라 _창 9:13,15

　우리는 상상조차 힘든, 세상 전체가 물에 잠기는 일을 직접 눈으로
보고 겪은 노아는, 이미 쇼크 상태였을지도 모릅니다. 그런 노아에게
하나님은 무지개 언약을 주신 것입니다. 다시는 세상을 물로 심판하
지 않겠다고 하신 약속은 앞으로 비가 내릴 때마다 공포스런 기억으
로 괴로울 노아에게 의지가 되었을 것입니다(창 9:15-17).

　하나님이 세상을 이처럼 사랑하사 독생자를 주셨으니 이는 그를 믿는
자마다 멸망하지 않고 영생을 얻게 하려 하심이라 _요 3:16

　죄의 홍수에 빠져 살 소망을 잃어버린 우리에게 영원한 무지개 언
약으로 오신 예수님의 사랑을 떠올립니다. 그 옛날 노아의 무지개 언
덕은 인생의 짐이 힘겹게 느껴질 때 우리를 위로하시는 은혜의 언덕
입니다. 나를 위해 한량없는 사랑으로 구원의 피를 흘리신 골고다 언
덕입니다.

† 말씀 배경

노아는 셋의 후손 라멕에게서 태어났다. 그의 이름은 "위로, 구원을 가져오다"라는 뜻이다. 하나님께서는 죄로 가득하며 마음의 계획이 악한 사람들을 보고 한탄하셨고(창 6:5-7), 홍수를 통해 이들을 심판할 계획을 세우셨다(창 6:17).

주님은 노아의 의로움을 보셨고, 노아에게 방주를 지으라고 말씀하셨다. 노아는 어려움 중에도 인내하며 하나님만을 신뢰하고 순종하였고, 가족 모두 하나님의 은혜를 힘입어 구원받았다(히 11:7).

† 골방 일기

1. 거센 비바람과 홍수가 몰아치는 환경에 처한 적이 있으십니까?

_____

_____

_____

2. 하나님이 노아에게 보여 주신 약속의 무지개는 어떤 의미였나요?

_____

_____

_____

#10

말씀을 따라 걷는 새 길
-아브라함1

🍃 어렸을 적에 목회자이셨던 부모님을 따라 여러 지역에서 살았습니다. 새로운 환경에 적응하느라 힘겨울 때도 많았지요. 초·중·고 동창들이 지역마다 달라서, '동문'이라는 말이 낯설 때가 많습니다.

말씀을 살피다가, 많은 세월 이사를 하며 돌아다녔던 아브람에게서 큰 위로를 받았습니다. 아브람은 정든 삶의 터전을 떠나 갈대아 우르에서 하란을 지나가고 있습니다(창 11:31). 낯선 여정 길은 매 순간이 새로운 도전이었을 것입니다.

무엇보다도 아브람은 그날 밤을 잊을 수 없습니다. 아버지(데라)가 세상을 떠나셨던 밤, 죽음 앞에 흐느껴 울던 그 슬픈 밤을 말입니다.

살아생전에 손자를 안겨 드리지 못한 것이 죄송스러웠습니다. 동생 하란의 죽음으로 마음이 어두웠던 아버지의 죽음은 아브람에게 아픈 기억입니다(창 11:28-32). 하나님 말씀을 따라 짐을 꾸려 고향을 떠났으나 생전 모르는 길을 걷는 일도 녹록치 않았습니다(창 12:4). 가족을 어디로 인도할지 매 순간이 선택의 기로입니다.

특히나 인생의 무상함은 자녀를 낳지 못하는 아내를 볼 때마다 더해집니다. 불임의 고통이 이토록 괴로울 줄은 몰랐습니다. 자신보다 더 괴로워하는 사래를 보면 마음이 측은해지지만 가족의 대를 이을 생각에 초조해지는 것도 사실입니다.

그리고 아브람은 일생의 가장 감격적인 날을 기억합니다. 하나님께서 부르셨던 그 감동적인 날을 말입니다(창 12:1-3). 큰 민족을 이루며 창대한 복을 주시겠다는 잊지 못할 약속을 받고 그는 말씀을 따랐습니다(창 12:2). 순종하기로 결단했더니, 마음속 영혼의 세포가 춤추는 듯 기뻤습니다.

¹여호와께서 아브람에게 이르시되 너는 너의 고향과 친척과 아버지의 집을 떠나 내가 네게 보여 줄 땅으로 가라 ²내가 너로 큰 민족을 이루고 네게 복을 주어 네 이름을 창대하게 하리니 너는 복이 될지라 ³너를 축복하는 자에게는 내가 복을 내리고 너를 저주하는 자에게는 내가 저주하리니 땅의 모든 족속이 너로 말미암아 복을 얻을 것이라 하신지라 ⁴이에 아브람이 여호와의 말씀을 따라갔고… _창 12:1-4a

그러나 말씀을 따라갔던 아브람은 기근이 나자 말씀을 따르지 않고 자신의 필요를 따라 애굽으로 갔습니다(창 12:10). 기근을 피해 애굽에 이르렀을 때, 이곳에서 아리따운 아내를 탐내는 사람들에게 해를 당할까 두려워 아내를 누이로 속였고, 이 때문에 시험에 들었습니다(창 12:13). 그럼에도 불구하고 그 어려운 상황에서 하나님은 은혜로 그를 돌보셨습니다.

이제 아브람은 다시 비전을 품고 새 길을 걷기 시작합니다. 새로운 마음으로 새 출발을 한 것입니다(창 12:20). 그런데 또다시 현실의 벽에 부딪힙니다. 광야에서 자신의 양을 키우는 목자와 조카 롯의 목자들이 크게 다툰 것입니다(창 13:7). 결국 아브람은 타향 길의 유일한 가족 롯과 이별하는 아픔을 겪습니다.

롯과 결별하고서 얼마 지나지 않아 아브람은 다시 청천벽력 같은 소식을 듣습니다. 소돔에 살고 있는 롯이 사로잡혔다는 것입니다(창 14:12). 이 소식을 들은 아브람은 곧바로 군대를 정비합니다. 옛날 애굽에서 두려워 떨던 모습은 사라졌습니다. 결국 아브람은 전쟁을 승리로 이끌었고, 빼앗겼던 조카 롯도 되찾습니다(창 14:16).

그런데 바로 이때, 아브람은 소돔 왕이 주는 전리품을 거부하고(창 14:23), 오직 주님만이 승리의 주인공이심을 믿음으로 고백합니다. 하나님의 은혜에 대한 감사의 표현이었습니다. 이러한 아브람의 중심에는 하나님의 제사장 멜기세덱으로부터 축복을 받고도 남을 만한 믿음이 있었습니다(창 14:19).

이제 하나님께서는 아브람의 발걸음을 별들이 쏟아질 듯한 곳으로 옮기셨습니다. 이곳에서 별빛보다 더 빛날 미래를 예견합니다(창 15:15). 어느새 아브람은 모든 시름을 잊고 그동안 우르를 떠나며 경험했던 힘겨운 짐들도 다 내려놓았습니다.

> ⁵ … 하늘을 우러러 뭇 별을 셀 수 있나 보라 또 그에게 이르시되 네 자손이 이와 같으리라 ⁶아브람이 여호와를 믿으니 여호와께서 이를 그의 의로 여기시고 … ¹⁷해가 져서 어두울 때에 연기 나는 화로가 보이며 타는 횃불이 쪼갠 고기 사이로 지나더라 _창 15:5-6, 17

주님께서는 아브람을 부르셨고 사랑하셨습니다. 그에게 복의 근원이 되리라는 언약을 세우셨습니다. 하나님은 아브람에게 폭포수 같은 은혜를 내리셨고, 그의 내면이 더욱 완전해지기를 바라셨습니다(창 17:1). 하나님은 아브람 안에 있는 믿음을 보셨고, 오직 하나님만이 행하신다는 아브람의 믿음을 기뻐하셨습니다.

이제 우리도 아브람처럼 오직 주님만을 인정해야겠습니다. 그날 밤 별 아래에서 하나님과 영적 교제를 누렸던 아브람처럼, 우리 역시 주님과 교제하며 살아 있는 믿음의 응답을 경험할 때입니다. 오늘도 셀 수 없는 별처럼 놀라운 응답의 은혜들이 우리 앞에 놓여 있습니다.

† 말씀 배경

아브람이 살던 갈대아 우르의 뜻은 '빛'인데, 오늘날의 이라크 남부 지역에 있는 메소포타미아 갈대아인의 성읍을 말한다(창 11:31). 우르는 수메르 제국의 강력한 도시국가였고, 땅이 기름지고 외국 무역이 활발하여 부유했으며, 지역민은 달의 신[月神] '난나'를 섬겼다. 아브람은 말씀을 따라 당시 사람들이 가장 선호하는 지역을 떠나 가나안에 들어갔다(창 12:5).

아브람은 주님을 경험한 인물이었고, 물질을 초월하여 하나님께 온전히 예배하였다(창 13장). 아브람이 태어나기 전부터 계셨던 예수님은(요 8:58), 아브람이 예수님의 때를 보기를 즐거워하였다고 말씀한다(요 8:56). 아브람은 멜기세덱의 반차를 따라 오신 주님을 만나고 경험한 인물이었다(히 5:10).

† 골방 일기

1. 모든 것을 주시는 예수님 앞에 나는 내가 가진 모든 것을 내려놓았나요?

_____

_____

2. 오랫동안 굳어져 발견하지 못했던, 하나님께서 명하시는 새로운 도전은 무엇인가요?

_____

_____

11

순종! 순종? 순종.
-아브라함 2

첫 목회지에서, 목청을 드높여 확신에 차서 설교한 적이 있습니다.

"여러분, 이번 한주간은 가정에서 직장에서 만나는 모든 이를 용서하고 품으십시오. 용서할 수 없었던 이를 먼저 사랑으로 용서하는 것을 실천하기를 바랍니다."

그날따라 유난히 자신 있게 설교하고 사택에 왔습니다. 설교한 내용을 기억하며 실천하기로 굳게 다짐했습니다. 그런데 아쉽게도 이날 밤, 결혼 이래 가장 심각한 부부 싸움을 하고 말았습니다. 말과 순종은 다르고, 실천이 그토록 어렵다는 것을 절감했지요.

영적 성장을 경험하며 믿음의 길을 걸어간 아브라함은 손쉽게 무너져 내리는 자신을 발견했습니다. 아비멜렉 왕을 보는 순간 예전의 악몽이 되살아난 것입니다. 애굽 왕 앞에서 아내를 누이로 속였던 악몽 같은 기억이 또다시 재현되고 있었습니다(창 12:13). 아비멜렉 앞에서도 예전처럼 아내를 누이로 속이고 말았던 것입니다(창 20:2).

그런데 한 가지가 변해 있었습니다. 타락한 도시 소돔을 위해 그토록 기도해서인지, 영적 깊이가 더해졌습니다(창 18:32). 영혼을 향한 간절한 기도는 어느새 아브라함을 '중보자'로 서게 했지요. 결국 그는 하나님의 도움을 힘입어 시험을 극복할 수 있었고, 아비멜렉을 보는 눈도 새로워졌습니다. 아브라함은 자녀가 없는 아비멜렉 부부를 보며, 자신이 겪는 불임의 고통을 떠올렸습니다.

그들도 똑같이 아플 것을 생각하며, 긍휼한 마음으로 바라봤습니다(창 20:17). 약점이 사명으로, 고통이 하나님의 기적의 도구로 바뀐 것입니다. 아브라함은 그의 불임이 치유되도록 간절히 기도했고, 아비멜렉의 가정에 태의 문이 열렸습니다.

> 아브라함이 하나님께 기도하매 하나님이 아비멜렉과 그의 아내와 여종을 치료하사 출산하게 하셨으니 _창 20:17

아브라함의 믿음은 계속 성장했습니다. 중보의 사명과 치유의 능력을 하나님께 받았습니다. 모든 것이 순조로워 보였습니다. 모든 것이 괜찮아 보였을 바로 이때 하나님은 그를 어려운 결단의 자리로 옮기셨습니다. 아들 이삭을 번제로 드리라고 말씀하신 것입니다(창 22:2).

엎치락뒤치락. 아브라함은 거의 뜬눈으로 밤을 지새웠습니다. 지난밤 하나님으로부터 받은 말씀 때문입니다. 100세에 주신 아들 이삭을 번제로 드리라는 말씀에, 도통 잠을 이룰 수 없었던 것입니다. 여러 생각이 스쳐갑니다. 특히 오래전 번제를 드릴 때 울부짖던 동물들의 비명 소리가 자꾸 귓가에 맴도는 듯 했습니다(창 15:10). 같은 방법으로 아들을 드려야 하니까요.

> ²여호와께서 이르시되 네 아들 네 사랑하는 독자 이삭을 데리고 모리아 땅으로 가서 내가 네게 일러 준 한 산 거기서 그를 번제로 드리라 ³아브라함이 아침에 일찍이 일어나 나귀에 안장을 지우고 두 종과 그의 아들 이삭을 데리고⋯ _창 22:2-3a

지난밤 밤새 귓가에 맴돌던 동물들의 비명 소리와 눈에 선하던 핏자국이, 아침 일찍 아들을 보는 순간 또다시 떠올랐습니다. 손과 발은 여전히 떨렸지요. 이삭과 단 둘이 되어 걸어갈 때는 눈을 감고 싶었습니다. 아브라함은 다시 마음을 가다듬었습니다.

모리아 산 정상에 이르러서는, 완전히 마음을 비웠습니다(창 22:9). 번제단을 쌓고 아들을 결박하여 제단 나무 위에 놓고 칼 쥔 손을 번쩍 들었습니다.

> 사자가 이르시되 그 아이에게 네 손을 대지 말라 그에게 아무 일도 하지 말라 네가 네 아들 네 독자까지도 내게 아끼지 아니하였으니 내가 이제

야 네가 하나님을 경외하는 줄을 아노라 _창 22:12

순종하는 아브라함의 중심을 보신 하나님은, 예비하신 동물로 제물을 드리게 하셔서 이삭을 살리셨습니다. 독생자 예수를 내어 주신 하나님의 사랑과 죽기까지 순종하신 예수님의 모습이 그려지는 순간입니다.

오늘도 하나님은 아브라함과 같은 사람, 순종하는 사람을 찾고 계십니다. 하나님을 향한 사랑을 중심으로, 믿음으로, 온 정성으로 드려 하나님을 경외하는 사람을 말입니다. 그리고 이런 믿음의 사람을 벗으로 인정하십니다.

… 아브라함이 하나님을 믿으니 이것을 의로 여기셨다는 말씀이 이루어졌고 그는 하나님의 벗이라 칭함을 받았나니 _약 2:23

이제 우리도 순종의 산을 향해 나아가 볼까요? 모리아 산, 십자가의 언덕, 하나님을 향한 사랑이 숨 쉬는 곳으로 말입니다. 내가 드려야 할 '이삭'은 과연 무엇인지를 짚어 보면서요. 내려놓을 때 채워 주시는 하나님의 은혜를 우리 모두 경험했으면 좋겠습니다.

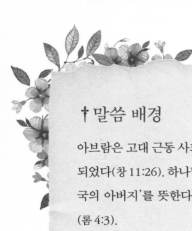

† 말씀 배경

아브람은 고대 근동 사회에서 "그 아버지는 존귀하시다"라는 뜻으로 사용되었다(창 11:26). 하나님께서 99세에 새롭게 지어 준 이름 아브라함은 '열국의 아버지'를 뜻한다(창 17:5). 하나님은 그의 믿음을 의롭게 여기셨다(롬 4:3).

번제는 "연기를 타고 하나님께 올라간다"는 뜻으로(삿 13:20), 여호와께 '향기로운 냄새'를 드리는 것이다(레 1:13). 아브라함은 이삭을 말씀을 따라 번제로 드리기로 순종했다(창 22:2-3). '번제물'은 소, 양, 염소, 산(집)비둘기 중 흠 없는 수컷이어야 했다(레 1:14). 번제는 번제물을 죽여, 피를 뿌리고, 씻고, 가죽을 벗겨 각을 뜬 후, 태워서 드리는 제사이다(레 1:6-9).

† 골방 일기

1. 내가 가장 소중히 여기고 있는 나만의 '이삭'은 무엇인가요?

_____

_____

_____

2. 하나님께서 오늘 순종하라고 명하시는 말씀은 무엇인가요?

_____

_____

_____

#12
떨기나무 앞에서
-모세1

어머니께서 입버릇처럼 늘 강조하신 말씀이 있습니다.

"목회자는 변질되어서는 안 된다. 변질되지 않도록 겸손해라."

목회 초년에는 이 말씀을 단순하게 보았는데, 세월이 흐를수록 이 말씀을 지켜 내는 일이 참 어렵다고 생각하게 되었습니다. 늘 처음 마음을 잃지 않고, 옛 습관을 버리고 새사람의 모습으로 살고 싶은데 삶에 무뎌지고 실수할 때면, 한순간에 무너지는 연약한 자아를 발견합니다. 그럴 때면 스스로 넘어져 광야를 헤매던 모세가 생각납니다.

애굽의 집집마다에서 아이들의 비명 소리와 부모의 통곡이 뒤섞여 들립니다. 새로 태어나는 히브리 남자아이를 모두 죽이라는 애굽 왕의 명령이 서슬이 오른 때 모세가 태어났습니다(출 1:22). 아이를 살리겠다는 간절함으로 갈대 상자에 모세를 담아 나일 강에 띄운 이야기를 잘 아실 것입니다.

왕실에 들어간 모세는 유모로 일하는 어머니로부터 자신이 누구인지 들었습니다. 왕실 생활은 부족함이 없었습니다. 그런데 대형 사건이 터집니다. 이스라엘인을 핍박하던 애굽인을 때렸는데 그가 그만 숨을 거둔 것입니다(출 2:11-12).

모세는 어찌할 바를 몰랐습니다. 워낙 순식간에 벌어진 일입니다. 그는 목숨을 구하고자 사람이 없는 곳으로 달리고 또 달렸습니다. 어느 순간부터 끓어오르던 민족애가 이정도일 줄 자신도 미처 몰랐지요. 스스로에게도 너무 당혹스럽기만 하던 그때부터, 폭풍 같은 감정을 지나 외로운 광야길이 시작되었습니다(출 2:15).

왕실 생활이 익숙한 그에게 광야는 생소하고 도무지 적응이 안 되는 곳입니다. 두려움, 외로움, 단순함. 광야에 살면서 애굽에서 꾸던 모든 꿈은 사라졌습니다. 그러나 도피처 광야에서 십보라와 만나 결혼하고 아들 게르솜과 엘리에셀을 낳았습니다(출 18:2-4). 그렇게 애굽의 기억이 희미해질 즈음이었습니다.

4...하나님이 떨기나무 가운데서 그를 불러 이르시되 모세야 모세야 하시매 그가 이르되 내가 여기 있나이다 5하나님이 이르시되 이리로 가까이 오지 말라 네가 선 곳은 거룩한 땅이니 네 발에서 신을 벗으라_출 3:4b-5

"모세야 모세야…"

모세는 떨기나무를 휘감고 있는 불꽃 사이로 들리는 음성에 온몸이 굳어버릴 것 같습니다(출 3:4). 하나님은 말씀하십니다. 애굽에 있는 백성의 고통을 분명히 알고 계시며, 그들을 건져 내 아름답고 광대한 땅에 데려가시겠다고 말입니다(출 3:7-8).

사명을 받은 모세는 애굽으로 돌아가 주님의 이름을 알렸습니다. 430년 동안 울부짖는 백성의 통곡 소리는 그칠 줄 몰랐지요. 바로 왕에게 나아가 하나님의 능력을 나타내며 백성을 보내달라고 요청했으나, 왕의 마음은 나날이 완악해졌습니다. 그때 하나님께서는 어린양을 통한 희생의 구원을 예비하셨고, 구원의 은혜를 베푸셨습니다. 각자가 어린양을 잡아 각 가족대로 그 식구를 위하여 어린양을 취하고, 그 피를 집 좌우 문설주와 인방에 바르면, 하나님께서 애굽에 내릴 재앙이 임하지 않을 것이라고 약속하셨습니다(출 12:12-13)

모세는 하나님의 말씀을 따라 어린양의 피를 받아, 그 피를 문설주와 인방에 바릅니다. 애굽의 압제로부터 자유를 얻는 '구원의 서광'이 찾아오기를 기도하였고, 집집마다 진동하는 피냄새와 비명 소리를 들으며, 잠을 청할 수 없는 밤을 보냅니다.

결국 두손을 든 바로는 백성을 보내 줍니다. 애굽을 빠져나오는 수백만 명의 백성, 이들은 하나님의 구원 앞에서 감동합니다. 집집마다 문설주와 인방에 발라진 붉은 피를 목격하며 하나님의 은혜를 되새깁니다(출 12:42). 어린양의 피, 백성을 구원한 피. '그 희생'은 고통당하는 민족을 구하는 통로가 된 것입니다.

백성을 살리기 위해 희생한 어린양처럼 예수님께서 이 땅에 어린양으로 오셨으니, 이 사실이 얼마나 감격스럽고 감사한지요. 오늘 주님께서는 우리의 삶에 찾아오시어 자신을 죽기까지 내어 주시고 우리를 구원하기 원하십니다.

이제 우리도 주님 앞으로 나아갑시다. 도저히 다시 시작할 수 없을 것 같은 우리에게 찾아오셔서, 새로운 삶으로 인도하시는 주님께 마음을 열어 봅시다. 잠잠히 내 삶에 나타나 소명의 자리로 부르시는 주님께서 세상 끝까지 함께할 것입니다.

† 말씀 배경

모세는 '건져 냄'이라는 뜻이다(창 2:10). 모세가 태어난 애굽은 고대 4대 문명의 발상지 가운데 하나로, B.C. 2000년경 나일 강을 발판삼아 농업 분야를 개척했다. 모세는 나일 강에서 갈대 상자(방주)에 실려 왕실에 입성했다(B.C. 1520). 부모는 이스라엘 자손이었던 아므람과 요게벳이다(민 26:5).

양(羊)은 되새김질하는 초식 동물로, 고대 사회에서 가죽과 우유, 고기, 양털을 제공해 주었다(창 13장). 양은 순하지만, 방어 능력이 거의 없어 목자가 필요하다(사 40:11). 성경에서 말하는 '피'는 생명을 말하는데, 이는 하나님의 소유이며 속죄를 상징한다. 신약에서는 예수님의 피로 인류의 속죄가 이루어졌다(요일 1:7).

† 골방 일기

1. 굳게 변해 버린 나만의 고통과 아픔의 기억이 있다면 무엇인가요?

_____

_____

_____

2. 어린양이 되신 예수님은 나에게 어떤 의미로 다가오나요?

_____

_____

#13
홍해에서 시내 산까지
-모세 2

"아빠, 개미 좀 봐요. 우리 개미 보고 가자."

개미가 줄을 이어 지나갑니다. 큰 아이와 길을 걷다 잠시 그 모습을 지켜봤습니다. 우리는 호기심이 생겨 개미의 진로를 작은 흙덩이로 가로막아 보았습니다. 반듯한 줄이 흩어지고, 방해물 때문에 앞서 가던 줄과 끊긴 뒤쪽의 개미들이 잠시 우왕좌왕하더군요. 뭔가 방도를 찾은 것인지, 개미들은 흙덩이 위로 다시 자세를 잡으며 줄을 합쳤습니다.

광야 길을 걷던 이스라엘 백성도, 여러 방해물 앞에서 당황하며 출애굽의 여정을 이어갔습니다. 이스라엘 백성은 동쪽을 향해 걷고 또 걸었습니다. 한참을 걷다 모세는 저 멀리 길이 끊어진 것을 짐작했습니다. 아무것도 모르고 열심히 따라오는 백성에게 멈추라고 할 수도 없는 노릇입니다. 이 길의 끝에 그 무엇으로도 헤칠 수 없는 바다가 있다니요(창 14:10).

홍해 바다 앞에 선 모세와 수백만의 이스라엘 백성, 이제 돌아갈 수도 앞으로 나아갈 수도 없는 상황입니다. 애굽 군대의 말발굽 소리가 점점 가까이 들려오니, 백성이 모두 절망을 토해 내는 건 당연해 보입니다. 애굽에서 받았던 그동안의 고통보다 훨씬 큰 두려움이 엄습합니다(창 14:11). 백성의 불신과 원망이 모세를 향해 불화살처럼 날아옵니다. 그동안의 놀라운 기적이 한순간에 물거품이 되었고, 백성은 모든 책임을 모세에게 돌리고 있습니다(창 14:12).

애굽에서 혈기로 사람을 죽였던 때를 떠올리면, 이 같은 상황에서는 지팡이 따위 던져 버리고 도망쳐야 그의 성정에 어울리는 것 같습니다. 그러나 모세는 왕궁에서 닦을 수 없었던 겸손과 온유의 도를 광야에서 배웠습니다. 괴롭고, 두렵고, 견딜 수 없을 만큼 힘든 것은 마찬가지인데, 분노를 표현하는 방법이 달라졌습니다.

> [15]여호와께서 모세에게 이르시되 너는 어찌하여 내게 부르짖느냐 이스라엘 자손에게 명령하여 앞으로 나아가게 하고 [16]지팡이를 들고 손을 바다 위로 내밀어 그것이 갈라지게 하라 이스라엘 자손이 바다 가운데서 마른 땅으로 행하리라_출 14:15-16

마음을 가다듬고 지팡이를 든 모세, 자기 안에 사자처럼 웅크리고 있는 분노와 두려움을 그는 지금 생명을 다하는 기도로 쏟아 내고 있습니다. 쿵쾅거리는 심장만큼이나 지팡이도 흔들리지만, 오직 성령이 그의 마음을 주장하셔서, 달싹이던 입술을 강하게 붙들어 주셨습니다. 그의 입에서 마른땅으로 걸어가리란 말이 떨어지기 무섭게, 세찬 동풍이 몰아쳐 밤새도록 바닷물을 밀어내 물이 갈라져 바다가 마른 땅이 되었습니다(출 14:21).

가장 절박한 순간에 그 사람의 믿음이 드러난다고 합니다. 광야 길로 접어들기 전에, 지도자 모세에게는 큰 믿음과 계속적인 기도가 필요했습니다(출 15:25). 다가올 시련 앞에서 모세에게는 하나님이 함께 하시면 불가능이 없다는, '튼튼한 믿음'이 절실했습니다. 그러나 이러한 믿음 역시, 오직 하나님의 은혜를 통해 가능합니다.

홍해를 통과한 모세는 하나님의 말씀을 생생히 들었던 시내 산을 향해 걷습니다. 하나님께 받은 말씀을 백성에게 전하기 위해 다시 산에 올랐습니다(출 19:3). "모세야" 부르신 음성 앞에 신발을 벗고 나갔던 곳이지요. 두려움으로 얼룩졌던 그때부터 지금까지 인도하신 주님의 은혜를 돌이켜 보니, 눈시울이 뜨거워집니다.

시내 산에 오른 모세는, 세상을 향한 주님의 마음을 깨닫습니다. 하나님은 이곳에서 하나님을 예배하고, 변화된 예배자로 사는 10가지 방법을 가르쳐 주셨지요. 지키지 못하면 벌하는 엄한 율법이 아니라, 어떤 자세로 하나님을 예배해야 하는지 가르쳐 주신 최소한의, 최선의 방법들이었습니다. 우리와 진실한 사랑의 터를 마련하고 싶은 주님의 마음이 고스란히 녹아 있는 두 돌판, 바로 십계명입니다(출 20:3-17).

1) 나 이외에 다른 신들을 섬기지 말라

2) 우상을 만들지 말라

3) 하나님의 이름을 망령되이 일컫지 말라

4) 안식일을 기억하여 거룩히 지키라

5) 부모를 공경하라

6) 살인하지 말라

7) 간음하지 말라

8) 도적질하지 말라

9) 거짓 증거하지 말라

10) 네 이웃의 소유를 탐내지 말라

모든 것을 내려놓고만 싶던 모세는, 희망의 두 돌판을 들고 백성에게로 갔습니다. 그의 마음에도 하나님의 마음이 새겨졌습니다. 이제 우리도 하나님 앞에 나아가며, 그 사랑의 언약을 마음의 돌판에 새겨 봅시다. 마음속에 새겨진 사랑의 은혜가, 하나님을 더 깊이 만나는 길로 우리를 인도할 것입니다.

✝ 말씀 배경

홍해는 '갈대 바다, 붉은 바다'라는 뜻이다. 홍해는 아카바 만, 수에즈 만으로도 일컬어진다. 이 바다는 기독교적으로는 세례를 상징하며(고전 10:2), 광야 생활을 본격적으로 시작하는 시점이기도 하다. 당시의 애굽은 람세스 2세(B.C. 1290-1224)가 통치했던 것으로 추정한다(출 1:11).

시내 산은 모세가 하나님께 소명을 받은 산으로, 호렙 산으로도 불린다(신 5:2). 이 산의 위치는 시나이 반도 남부에 위치한 것으로 알려지며, 이곳에서 모세가 받은 십계명은(신 4:10) 율법, '토라'로도 불리며 '계명, 말씀, 법령, 규례'로도 표현된다.

✝ 골방 일기

1. 하나님 앞에서 한계점에 도달했을 때의 나의 모습과 반응은 어떠한가요?

_____

_____

_____

2. 율법의 완성이신 예수님 안에서 자유를 경험하고 있나요? 아니면 율법의 굴레에 매여 하나님의 사랑을 놓치며 살아가나요?

_____

_____

_____

#14
나실인으로 산다는 것
-삼손

🌿 몰래 먹는 떡이 맛있다고 했던가요? 아주 어렸을 적 구멍가게에서 과자를 슬쩍 집어와 맛있게 먹은 적이 있었는데, 그걸 어머니가 알아 버렸습니다. 그날 종아리에 멍이 들 정도로 회초리를 드셨지요.

상처가 심했지만, 덕분에 가르침은 뼛속 깊이 새겨졌습니다. 두 번 다시 그런 일을 반복하지 않았으니까요. 종아리에 남은 상처의 기억이 온전한 행실로 나아가는 도구가 된 셈입니다. 이처럼 우리 삶의 아픔은 우리를 성숙시키는 도구가 되기도 하지요.

전쟁과 방탕으로 얼룩진 사회에 살면서 자신의 인생을 태만하게 내버려 두었던 삼손. 그는 나실인으로 태어나 죽는 날까지 하나님께 드려진 몸이었습니다(삿 13:5). 태어나는 순간부터 나실인의 교훈을 배워온 그가 다 자라 청년이 된 언제부터인가, 부모님의 가르침을 무시하며 슬그머니 방탕의 길에 발을 담갔습니다.

분명 처음부터 그랬던 것은 아닙니다. 그도 한때 하나님의 성령을 경험해 은혜로 충만하던 시절이 있었습니다. 그런데 자신의 힘이 세어질수록 삼손은 하나님의 은혜를 점점 가볍게 여겼습니다. 삼손의 특출난 힘은 하나님을 향한 열정을 꽃피우라고 주신 선물인데 말입니다.

8···〔삼손이〕 그 사자의 주검을 본즉 사자의 몸에 벌 떼와 꿀이 있는지라 9손으로 그 꿀을 떠서 걸어가며 먹고 그의 부모에게 이르러 그들에게 그것을 드려서 먹게 하였으나 그 꿀을 사자의 몸에서 떠왔다고는 알리지 아니하였더라_삿 14:8b-9

나실인은 '죽은 것'을 만져서는 안되는 법이 있었습니다. 그러나 그는 허기진 배를 달래고자 나실인의 규례를 어기며 사자의 시체에 있는 꿀을 떠먹었고, 이를 속인 채 부모님께도 드렸습니다. 사자의 죽은 몸에서 난 꿀인 줄 아셨다면 부모님이 크게 화내실 일입니다. 아담에게 선악과를 건네 같이 죄를 짓고 내심 안도하던 어리석은 하와의 모습이 삼손에게서 보입니다.

결혼 생활에 실패한 이후, 삼손은 방황의 수준을 더욱 높였습니다. 기생을 만나는 횟수가 늘어나는 등 죄의 습성에 충실했지요. '죄'는 한 가닥의 죄책감도 허락하지 않습니다. 마음껏 타락하고 망가지고 싶게 만드는 것이 바로 '죄'의 속성입니다. 그의 죄된 파트너 '들릴라'는 삼손의 마음 한구석에 자리 잡은 하나님에 대한 사랑을 남김없이 떨쳐 내도록, 온갖 달콤하고 저버리기 어려운 유혹으로 그를 사로잡습니다(삿 16:15-17).

그러다가 그의 불신앙이 맺은 쓴 열매를 맛볼 시간이 불현듯 찾아왔습니다. '나실인'이라는 신분이 자신을 지켜 주리라 여겼던 기대가 산산조각 나는 순간이었지요. 그를 그토록 비참하게 내동댕이친 건 하나님이 아니라, 껍질뿐인 나실인으로 살아왔던 바로 그 자신입니다. 머리카락이 잘린 후 그에겐 더 이상 희망이 없어 보입니다(삿 16:21).

그러나 두 눈을 뽑히고 머리가 다 잘려나가 모두의 웃음거리가 되도록 초라해진 삼손은, 다시금 하나님께 단 한 번의 기회를 구합니다. 모든 것이 풍족하다고 여겼던 때는 필요치 않았던 바로 그 은혜를 말입니다(삿 16:22).

삼손을 볼 때마다 그의 재능이 참으로 아깝습니다. 재능을 본능의 도구로 사용한 그의 모습은, 어쩌면 주신 것에 감사하지 못하고, 온전한 기쁨을 빼앗긴 채 살아가는 우리의 자화상은 아닐까요?

[13]너희가 육신대로 살면 반드시 죽을 것이로되 영으로써 몸의 행실을 죽이면 살리니 [14]무릇 하나님의 영으로 인도함을 받는 사람은 곧 하나님의 아들이라_롬 8:13-14

혼란한 때에 하나님의 일을 위해 삼손을 나실인으로 구별하여 부르신 하나님은 오늘도 우리를 부르십니다. 죄 많은 이 땅에서 우리를 하나님의 사람으로 부르신 아버지 하나님. 그 하나님이 우리를 통하여 일하기 원하십니다. 하나님의 사랑에 감격하여, 주님의 은혜에 가득 잠겨, 성령의 능력을 선포하기 원하십니다. 상처입은 가정 속에, 죄로 물드는 학교 안에, 힘겨운 직장 안에, 순전한 복음을 잃어 가는 교회 안에, 주님은 우리를 영적인 '나실인'으로 부르십니다. 오늘 그 부르심을 따라 거룩함으로 구별되는 은혜가 우리에게 넘치기를 소원합니다.

²²너희는 유혹의 욕심을 따라 썩어져 가는 구습을 따르는 옛 사람을 벗어 버리고 ²³오직 너희의 심령이 새롭게 되어 ²⁴하나님을 따라 의와 진리의 거룩함으로 지으심을 받은 새 사람을 입으라 _엡 4:22-24

✝ 말씀 배경

나실인은 '성별된'이라는 뜻이다. 하나님께 자신을 거룩하게 구별하기로 서원한 사람을 일컫는다. 나실인은 포도에서 산출되는 모든 것을 먹지 못하고, 시체를 만지지 못했다. 이들이 지켜야 할 규정에는 머리카락을 자르면 안 된다는 것도 포함된다(민 6:1-21).

삼손은 '태양'이라는 뜻으로, 성경에 등장하는 최초의 나실인이다(삿 13:2-7). 그의 지도력과 힘은 매우 강력해서, 20년 동안 블레셋을 격퇴시켰다. 하지만 삼손은 나실인의 서원을 소홀히 여기다가 비극적인 최후를 맞게 된다.

✝ 골방 일기

1. 십자가의 은혜로 받은 믿음의 특권은 무엇인가요?

_____

_____

_____

2. 지금 그 특권을 누리며 살고 있나요? 주신 특권을 누리기 위해 내가 해야 할 것은 무엇입니까?

_____

_____

_____

#15
요단 강을 나오며
-나아만

🍃 첫 목회를 시작한 지 2개월이 지날 때였습니다. 강단에서 예수님의 40일 금식 기도와 겟세마네의 기도에 관해 전했습니다. 그랬더니 권사님 한 분이 다음날 아침 이불을 들고서 교회로 오셨습니다. "왜 이불을 들고 오셨나요?" 하고 여쭈었더니, 권사님이 설교에 감동을 받고 앞으로 40일 동안 산에 올라가서 작정 기도를 하시겠다는 겁니다. 저보다 더 믿음이 좋으셨습니다.

작정 기도가 끝날 무렵에는 한 가지 제안을 하시더군요. 산에 올라가 '기도 굴'에 들어가려는데 저도 함께 동행하자는 말씀이었습니다. 기도 굴은 정중히 사양하였지만, 같은 마음으로 교회에서 작정 기도를 하게 되었습니다.

지금은 장로님이 되셨는데, 이 분의 순수한 믿음과 순종은 많은 성도의 귀감이 되었습니다. 저는 장로님의 그때 그 기도와 순종을 평생 잊지 못할 것 같습니다.

성경에도 하나님께 온전히 순종한 평신도가 아주 많이 등장합니다. 작고 하찮은 순종처럼 보이지만 귀한 열매를 맺은 군대 장관 나아만을 잘 아실 것입니다.

한센병에 걸린 나아만 장군은 여러 기적을 일으킨다는 엘리사에 관한 소문을 듣고 치유에 대한 희망을 품었습니다. 그런데 희망도 잠시, 엘리사의 사환 게하시로부터 요단 강에 들어가 몸을 일곱 번 씻으라는 통보를 받고서는 깊은 좌절감이 밀려왔습니다. 아니, 깨끗하고 넓은 다메섹 강도 아니고 지저분한 요단 강이라니요. 직접 만나 말해 주는 것도 아니고 그냥 가서 물로 씻으라고 제자를 통해 말만 전달하다니요. 나아만은 짜증이 났습니다.

> [10]엘리사가 사자를 그에게 보내 이르되 너는 가서 요단 강에 몸을 일곱 번 씻으라 네 살이 회복되어 깨끗하리라 하는지라 [11]나아만이 노하여 물러가며 이르되 내 생각에는 그가 내게로 나와 서서 그의 하나님 여호와의 이름을 부르고 그의 손을 그 부위 위에 흔들어 나병을 고칠까 하였도다 _왕하 5:10-11

나아만은 자신의 체면을 생각해서라도 요단 강에서 일곱 번이나 몸을 씻는 일은 할 수 없다고 생각했습니다. 자신의 자아를 내세운 나머지, 엘리사를 통해 주시는 말씀을 업신여겼습니다. 그런 마음의 상태로는 응답을 놓칠 수도 있었습니다. 그런데 그의 종들은 매우 충직했습니다. 종들은 선지자 엘리사의 말대로 행하는 것이 우선이라고 믿었습니다. 그들은 진심으로 주인이 잘 되기를 바라는 마음으로 조언했지요(왕하 5:13).

결국 나아만은 종들의 말을 듣고 요단 강으로 향했습니다. 한 번 두 번 몸을 잠그고, 여섯 번째 잠갔으나 그대로였습니다. 일곱 번째 물에 잠그고 나왔을 때 한센병으로 얼룩졌던 상처가 아기피부처럼 깨끗하게 되었습니다(왕하 5:14). 말씀에 순종하였을 때 하나님께서 만지셨습니다.

나아만은 엘리사를 통한 주님의 말씀에 처음에는 혈기로 반응했습니다. 하지만 나중에는 자신의 잘못을 돌이키고 겸손하게 순종했지요. 그리고 끝까지 믿음으로 요단 강에 몸을 잠갔을 때, 치유하심이 일어났습니다. 주님의 말씀에 순종함으로 주시는 성령의 역사였습니다(행 5:32).

우리도 나아만처럼 하나님의 말씀에 순종할 때, 오늘도 살아 계셔서 역사하시는 주님의 손길을 보게 될 것입니다. 주님께 믿음의 순종을 올려 드릴 때 회복의 은혜를 경험할 수 있습니다.

7그는 육체에 계실 때에 자기를 죽음에서 능히 구원하실 이에게 심한 통곡과 눈물로 간구와 소원을 올렸고 그의 경건하심으로 말미암아 들으심을 얻었느니라 8그가 아들이시면서도 받으신 고난으로 순종함을

배워서 9온전하게 되셨은즉 자기에게 순종하는 모든 자에게 영원한 구
원의 근원이 되시고_히 5:7-9

나아만의 순종을 보며 예수님의 순종을 다시 생각합니다. 주님은
고난 중에도 끝까지 순종하셨습니다. 하나님 아버지를 기쁘시게 하
는 뜻에 자신의 전부를 드리셨습니다. 하늘의 뜻이 땅에서 이루어지
기를 원하는 기도를 하셨습니다.

순종으로 십자가의 길을 묵묵히 걸어가신 예수님을 떠올립니다. 골
고다 언덕을 향해 자신을 낮추고 믿음과 순종의 길을 걸어가신 예수
님을 따르기를 원합니다. 그리고 우리 삶의 영역에서 역사하시는 넉
넉한 응답을 경험하기를 기대합니다.

✝ 말씀 배경

나아만은 '기쁨'이라는 뜻이다. 그는 수리아 왕의 군대 장관이었는데 한센병(문둥병)에 걸렸고, 엘리사를 통해 받은 하나님의 말씀에 순종하여 치유받았다(왕하 5장).

하나님은 치유를 위해 개인의 은사와 믿음을 사용하시지만, 모든 회복과 기적은 전적으로 하나님의 주권에 달려 있다. 하나님은 치료하는 주님이시며(출 15:26), 치유를 경험한 이들은 감사하며 하나님의 살아 계심을 증거해야 한다. 치유받는 것보다 더 중요한 건, 아픈 사람들을 긍휼히 여기는 마음이다.

✝ 골방 일기

1. 하나님께 순종하지 않았던 때는 언제인가요?

_____

_____

_____

2. 하나님께 순종함으로 응답받은 것은 무엇인가요?

_____

_____

_____

#16
죽으면 죽으리라
-에스더

고등학생 시절, 동네의 산 중턱에 살고 있는 남매를 알게 되었습니다. 부모님이 계시지 않았던 남매의 눈빛은 매우 어두웠습니다. 이 친구의 외로움을 조금이나마 덜어 주고 싶어 일주일에 한 번씩 동무가 되기로 결심했지요. 3년 동안 꾸준히 찾아가 같이 얘기하고, 좋아하는 운동도 했습니다.

어느 날 이 친구가, 형이 다니는 교회를 가겠다고 합니다. 그리고 교회를 다니면서 기타를 만지기 시작하더니, 기타를 연주하며 매일 소리 높여 찬양을 합니다. 청년이 되어 주님을 깊이 만나고 그의 얼굴은 환해졌습니다. 찬양을 인도하는 그의 모습이 너무나 귀하게 보였습니다.

그때의 감동 이후로 아무것도 아닌 나를 향한 하나님의 마음을 한

조각 더 헤아리게 됩니다. 누군가를 돕는 나의 작은 손길이 한 영혼을 살린다는 것을 생각하며, 주변의 사람을 많이 돕겠다는 꿈이 생겼습니다.

위기 속에서 '하나님의 마음'을 따라 빛을 발하며 민족을 구원해 낸 여성 에스더를 잘 아실 것입니다. 에스더는 아리따운 처녀들을 도성 수산으로 보내라는 왕의 조서에 따라 발탁되어, 와스디를 대신해서 왕후가 된 인물입니다(에 2:4-17).

어느 날 에스더는 매우 충격적인 소식을 듣습니다. 나라에서도 영향력이 매우 커서 대신들을 이끌고 있는 하만이, 유다 민족을 진멸하고자 한다는 소식이었습니다. 졸지에 민족 전체가 죽을 위기에 처했습니다(에 3:8-11). 하만은 평소에 자신의 권력으로 사람을 이용하거나 조정하기를 좋아하는 교만한 사람입니다.

사촌 모르드개는 에스더에게 민족을 구할 수 있도록 왕에게 요청해 보라고 합니다(에 4:8). 에스더는 매우 당황합니다. 지금 30일 동안 왕의 부름을 받지 못했을 뿐더러, 왕이 먼저 부르지 않았는데 왕에게 가는 것은 죽는 것과 다름없다는 것을 누구보다 잘 알았기 때문입니다(에 4:11). 그런데 감사한 일은 모르드개와 에스더의 이런 어려운 상황을 위해 기도하는 이들이 있었다는 것입니다(에 4:1-3).

모르드개는 계속 간청합니다. "네가 왕후가 된 것이 이 때를 위함일지도 모른다"라는 권면 앞에(에 4:14) 에스더는 비장한 각오를 합니다. 민족의 고통은 바로 자기 삶의 현실이며 그것을 외면하지 않는 것이 자기 정체성을 회복하는 길인 것을 깨닫습니다.

에스더는 생각을 모으고 하나님께 순종하기로 결단합니다. 그리고 자신의 자리에서 최선을 다하기 시작합니다.

> 당신은 가서 수산에 있는 유다인을 다 모으고 나를 위하여 금식하되 밤
> 낮 삼 일을 먹지도 말고 마시지도 마소서 나도 나의 시녀와 더불어 이렇
> 게 금식한 후에 규례를 어기고 왕에게 나아가리니 죽으면 죽으리이다
> 하니라_에 4:16

왕궁의 법과 질서를 잘 알고 있었으나, 그녀의 마음에는 이미 하나님 나라가 임했습니다(마 6:33). 에스더는 왕후의 예복으로 갈아입고 마음을 비웠습니다. 이제 에스더는 오직 주를 위한 고난의 길을 자처합니다. 그리고 죽을 각오로 왕의 부름 없이 안뜰로 향합니다(에 5:2).

놀랍게도 아하수에로 왕은 에스더를 사랑스럽게 바라보며 '금 규'를 내밀었습니다. 자신의 허락도 없이 온 에스더이지만, 그 모습이 너무 사랑스러웠던 왕은 오히려 에스더의 소원을 묻습니다. "나라의 절반이라도 줄 테니 소원을 말하라"는 것이었습니다. 에스더는 "죽으면 죽으리라"의 심정으로 왕에게 토로합니다(에 4:16-5:2).

> 나와 내 민족이 팔려서 죽임과 도륙함과 진멸함을 당하게 되었나이다
> _에 7:4a

드디어 아하수에로 왕은 하만의 계략을 눈치챕니다. 진심으로 충성했던 모르드개의 신실함이 만천하에 드러났으며, 그를 모함했던 하만은 하루아침에 몰락했지요(에 7:10). 유다 민족을 말살하려 했던 '왕의 조서'도 철회되었습니다(에 8:8). 자신의 명예와 자리를 백성을 구원하는 도구로 사용하며 하나님의 뜻에 순종했던 에스더가 참 대단해 보입니다.

> 그런즉 너희는 먼저 그의 나라와 그의 의를 구하라 그리하면 이 모든 것을 너희에게 더하시리라 _마 6:33

주님은 오늘도 충성스러운 종을 통해 놀라운 구원을 이루실 것입니다. 그리고 기도하는 사람의 기도를 들으시고 민족과 공동체를 구원으로 이끄실 것입니다. 오늘도 하나님 나라를 위해 섬기고 희생하는 모든 이에게 주님의 은총이 더하기를 기도드립니다.

† 말씀 배경

에스더는 '별'이라는 뜻이다. 그녀는 고아로, 사촌 모르드개의 슬하에서 자라 오늘날의 이라크 '바사'(페르시아)의 왕비가 된 인물이다. 아하수에로 왕은 바사의 네 번째 왕으로, 이전 왕은 다리오이다.

아하수에로 왕은 총독들을 초청해 벌인 잔치에(에 1:1) 왕후 와스디를 자랑하고 싶었다. 하지만 왕후는 페르시아의 법을 존중해야 한다며 왕의 요구를 거절했고 결국 폐위된다(에 1:10-12). 왕은 신하들의 조언을 따라 왕비를 다시 맞이했고 이때 에스더가 선출되었다.

† 골방 일기

1. 엉뚱한 모함이나 비난을 받을 때 어떤 식으로 반응하나요?

_____

_____

_____

2. 하나님의 사람들과 연합하여 위기를 극복했던 일을 고백해 봅시다.

_____

_____

_____

#17
나의 성전이여
- 학개

🍃 댈러스 북부 지역으로 교회를 이전하기 위해
기도회를 시작했습니다. 이전이 결코 쉬운 과정은 아니었지만 모든
일을 진행하는 가운데 주님은 깨닫게 하셨습니다. 교회는 사람의 힘
이 아니라 오직 하나님의 능력으로 세워진다는 것을 말입니다. 하나
님은 주님의 방식대로 교회가 세워지기를 원하셨습니다. 하나님의
교회는 자신이 철저히 낮아지고 모든 정욕을 십자가에 못 박았을 때
비로소 살아나기 시작한다는 것을 교회를 이전하는 과정을 통해 절
실히 깨달았던 기억이 납니다.

학개 선지자는 성전이 황폐된 시대에 활동했습니다. 당시에 백성은
성전에 관심을 기울이지 않은 채 자신의 집을 세우기에 급급했지요.

그러나 학개 선지자는 황폐한 성전을 보며 마음의 부담을 느끼고 있었습니다. 그러던 어느 날 하나님은 학개에게 찾아오시어 성전을 다시 세우는 비전을 주셨습니다.

> ²만군의 여호와가 이같이 말하여 이르노라 이 백성이 말하기를 여호와의 전을 건축할 시기가 이르지 아니하였다 하느니라 ³여호와의 말씀이 선지자 학개에게 임하여 이르시되 ⁴이 성전이 황폐하였거늘 너희가 이 때에 판벽한 집에 거주하는 것이 옳으냐_학 1:2-4

사람들은 자신이 편안하게 거주할 공간을 가꾸기에 여념이 없었습니다. 그러나 황폐한 성전을 보면서는 그 어떤 부담도 느끼지 않았습니다. 하나님께서는 학개에게 성전을 건축할 때가 바로 지금이라고 말씀하셨습니다. 자신만을 생각하지 말고 하나님의 성전을 귀하게 여기라는 부탁이었습니다.

이를 듣고도 깨닫지 못하던 백성은 큰 문제에 직면하게 됩니다. 곡물과 기름과 땅의 소산이 황폐해진 것이었습니다. 주님은 자신의 이익만을 추구하는 이들에게 "땅의 모든 소산과 사람과 가축과 손으로 수고하는 모든 일에 한재를 들게 하였다"라고 경고하면서, 성전을 귀하게 여기라고 다시 말씀하셨습니다(학 1:9-11).

학개를 통해 전해진 하나님의 말씀을 듣고 백성 모두가 마음을 새롭게 하기 시작했습니다. 스룹바벨을 포함하여 백성 모두가 하나님의 말씀에 귀를 기울이기 시작한 것입니다. 다시금 하나님을 경외하였습니다.

이스라엘 백성은 하나님이 성전 재건에 함께하신다는 확신을 갖고 마음을 모으기 시작했습니다. 본질적인 문제는 믿음에, 영적인 부분에 있었던 것입니다. 영적으로 파산된 상태에서는 성전을 재건하고자 하는 마음이 생기지 않습니다(학 1:13). 겸손히 하나님을 구하는 믿음의 분위기가 확산되었을 때 자연스럽게 헌신자들이 늘어났습니다(학 1:14). 공동체가 하나되어 성령의 역사를 따르기 시작했습니다. 하나님이 함께하시니까 첫 삽을 뜨는 일도 순조롭게 진행되었습니다. 무너진 공동체를 영적으로 다시 세웠을 때, 건물을 세우는 일은 자동적으로 따라왔습니다. 주님은 그렇게 성전을 친히 세우셨습니다.

하나님의 일은 인간적인 계산으로 이루어지지 않습니다. 하나님을 바라보며 성령의 능력을 힘입어야 가능해집니다. 주님 앞에 영적으로 바르게 서고 철저하게 회개하면 주님께서 일하십니다. 하나님의 말씀을 듣고 나의 주장을 내려놓을 때 비로소 주님이 역사합니다(학 2:4).

> 너희도 성령 안에서 하나님이 거하실 처소가 되기 위하여 그리스도 예수 안에서 함께 지어져 가느니라 _엡 2:22

내 안에 무너진 하나님의 성전이 다시 회복되기를 간구합니다. 우리는 하나님의 거룩한 성전입니다. 우리 마음을 차지하고 있는 세상을 몰아내고 오직 주님을 예배하고 순종하는 삶으로 주님을 기쁘시게 해드리기를 소망합니다.

† 말씀 배경

학개는 '축제에 태어난'이라는 뜻이다. 아마도 학개가 이스라엘의 절기에 태어났기 때문에 그렇게 이름을 지은 것 같다. 학개 선지자는 B.C. 6세기에 활동했던 인물로 스가랴와 동시대에 활동했으며, 성전을 재건하는 사명을 감당했다.

그는 성전이 무너지고 50년 뒤에 귀환했는데, 거의 20년 동안 성전이 재건되지 않는 것을 목격했다. 학개는 포로 생활을 하던 중에 바벨론에서 출생한 것으로 추정되며, 이스라엘에 돌아온 이후에 무너진 성전을 세우는 일에 헌신했다.

† 골방 일기

1. 무너진 마음의 성전, 무너진 교회를 보며 어떤 마음이 드나요?

_____

_____

_____

2. 무너진 성전을 세우기 위해 헌신하고 순종해야 할 부분에는 무엇이 있을까요?

_____

_____

_____

하 나 님 을   소 개 하 는   친 구

part3

—

하나님,

말씀
하시네

#18
법궤를 다시 찾은 기쁨
-다윗1

🍃 해마다 새해가 되면 누구나 한 가지 이상의 계획을 세우고 덕담을 나눕니다. 그리고 연말이 되어 한해를 돌아보며 반성하지요. 그때마다 좀 더 "살아 있는 예배를 드릴 수는 없었을까?" 하는 아쉬움이 있습니다.

오래전 〈시크릿 가든〉이라는 드라마가 인기였습니다. 주인공 이름 뒤에 '앓는다'는 수식어를 넣을 정도였습니다. 얼마나 좋으면 그럴까요? 예배를 기다리기 힘들어서 앓을 정도가 된다면 얼마나 좋겠습니까? '예배 앓이.' 생각만 해도 흐뭇한 말입니다.

예배 앓이를 할 만큼 열정적으로 하나님을 사랑했던 인물 중 하나가 바로 다윗입니다. 사무엘이 사울 다음으로 왕이 될 인물을 찾고자 다윗의 집을 찾았을 때, 다윗의 아버지 이새는 다윗의 형 일곱 명을 순서대로 사무엘 앞에 세웠습니다(삼상 16:5). 사무엘이 보기에 이새의 아들들은 모두 준수했습니다. 그런데 하나님은 외모가 아닌 중심을 보고 계셨습니다(삼상 16:7).

> 또 사무엘이 이새에게 이르되 네 아들들이 다 여기 있느냐 이새가 이르되 아직 막내가 남았는데 그는 양을 지키나이다 사무엘이 이새에게 이르되 사람을 보내어 그를 데려오라⋯ _삼상 16:11

사무엘은 이새의 아들들 중에 하나가 왕이 되리라는 응답을 받았습니다. 그런데 이새가 세워 둔 아들 중에는 하나님이 택하신 자가 없었습니다. 그래서 다른 아들이 혹 있는지 찾습니다. 목동 다윗은 뒷전에 밀려난 듯 보였지만, 주님은 그를 보고 계셨습니다.

양을 치는 목자로서 밤낮으로 양떼와 함께 머무르며 그들을 인도하고, 사나운 짐승으로부터 보호했던 다윗은 맡겨진 자리에서 삶의 예배를 드렸고, 하나님은 그를 왕으로 선택하셨습니다. 그런데 기름 부음을 받은 후, 다윗은 질투에 눈먼 사울을 피해 도망자의 신세가 되고 말았습니다. 그는 살얼음판을 걷는 듯 고비를 넘기고 또 넘기는 훈련과 인내로 하루하루를 견뎌 내야 했지요.

우여곡절 끝에 다윗은 왕이 되었습니다. 어느 날, 블레셋에 빼앗긴 법궤가 성안으로 들어올 때였습니다. 다윗은 새벽부터 들뜬 마음을 주체하기 어려웠습니다. 앉았다 일어났다, 이리 왔다 저리 갔다 하기를 반복하면서 여호와의 궤를 멘 사람들이 오기만을 애타게 기다렸습니다. 드디어 법궤가 성으로 들어오자 그의 몸은 구름 위라도 걸어낼 듯 가벼워졌습니다(삼하 6:14).

다윗은 정말 기쁜 나머지 자신의 옷이 벗겨지는 줄도 모르고, 이리저리 뛰며 춤을 춥니다. 멋이나 기교라도 있다면 그나마 봐줄 텐데, 머리는 다 풀어헤치고 옷은 죄다 흘러내려 속살이 드러날 정도이니, 아무리 왕인들 곱게 보였을 리 없습니다(삼하 6:20).

하나님만 바라보고 그랬더라도 우스꽝스런 모습이었으니, 그의 아내 미갈의 비웃음도 어렵지 않게 상상이 됩니다(삼하 6:14-20). 아무리 하나님이 좋아도 너무 내색하지 말고 절제된 미소로 일관하는 것이 남 보기에도 괜찮지 않겠습니까? 그런데 다윗은 '남의 시선'이 별로 중요한 사람이 아니었습니다. 하나님 앞에서 '왕'인 자신도 별 것 아닌 존재임을 알았던 것입니다(삼하 6:21).

하나님의 궤를 소중히 두고 다윗은 곧 번제와 화목제로 예배를 드립니다. 주체할 수 없는 기쁨의 고백과 감사가 넘칩니다. 이와 같은 다윗의 예배를 하나님께서 기뻐하셨습니다.

주님께 감사하며 주님만 높이는 다윗의 고백에서, 하나님이 찾으시는 예배자의 모습을 발견합니다. 마음과 뜻을 다해 드리는 다윗의 감격적인 예배를 그리워하시는 하나님의 마음을, 후대의 여러 선지자의 글을 통해 발견할 수 있습니다(대상 16:28).

그날에 내가 다윗의 무너진 장막을 일으키고 그것들의 틈을 막으며 그

허물어진 것을 일으켜서 옛적과 같이 세우고_암 9:11

성경 곳곳에서, 다윗의 장막을 회복시키시겠다는 표현을 볼 수 있습니다. 이것은 예배의 중심을 회복시키기 원하시는 하나님의 마음입니다. 주님은 오늘도 다윗과 같은 예배자를 찾으십니다. 하나님으로 인한 기쁨을 이기지 못하는 예배자 다윗의 모습이 우리의 모습이면 얼마나 좋을까요? 진심으로 하나님을 사랑하는, 순결한 하나님의 사람으로 살기를 원합니다. 우리 모두가 다윗과 같이 하나님을 감동시키는 예배자들이 되었으면 좋겠습니다.

✝ 말씀 배경

다윗은 '사랑받는 자'라는 뜻으로, 이스라엘의 2대 왕이며, 아브라함의 14대 후손이다. 다윗은 유다 지파였던 이새의 여덟 째 아들이었다. 다윗은 주님을 만난 사람이었고, 아브라함처럼 예수님을 주로 모신 사람이었다 (시 110:1-4; 막 12:37, "다윗이 그리스도를 주라 하였은즉").

언약궤는 '운반할 수 있는 궤'를 말하는데, '여호와의 언약궤', '하나님의 궤', '증거궤' 등의 명칭으로 표현된다. 이 궤는 처음에는 성막 지성소에 있다가, 훗날 솔로몬 성전에 보관된다. 다윗이 '베알레유다'에 있던 언약궤를 다윗 성에 옮기려 한 이유는, 주님과 교제하기 위함이었다(대상 13:3).

✝ 골방 일기

1. 나에게 예배의 자리와 시간은, 살아 계신 하나님을 경험하는 회복의 시간입니까?

_____

_____

_____

2. 참 예배자의 삶을 살기 위해 오늘 할 수 있는 일은 무엇인가요?

_____

_____

_____

#19
회개의 모범
-다윗 2

🍃 "'기독교인은 날마다 회개한다면서도 왜 그렇게 양심 없이 살고, 거짓말을 서슴없이 하나요?' 하고 물어 봤더니 자신들이 죄인이라서 그렇다네요. 어차피 또 회개하면 된다고 합니다. 어떤 죄를 지어도 다 용서받을 테니까 마음 놓고 죄를 지어도 된다는 말인가요? 전 그런 코미디 같은 종교는 싫습니다. 한번 회개했으면 그걸로 죄가 끝나는 교인을 만나본 적이 없어요. 전 그냥 죄 지으면 차라리 떳떳하게 죗값을 치르는 게 더 옳다고 봅니다."

언젠가 전도하며 들었던 이 말에 뒷통수를 얻어맞은 듯 잠시 멍하니 있었습니다. 사람들에게 생명이고 소망이 되어야 할 예수님의 십자가 복음이, 믿는 사람들의 행실로 인해 이리 우스꽝스럽게 여겨진

다는 사실에 많이 부끄럽고 슬펐습니다.

그때의 기억을 더듬다 보니, 다윗이 생각났습니다. 그는 하나님을 너무도 사랑하는 나머지 죄를 짓지 않기 위해 온갖 애를 썼던 사람입니다(시 18:23). 사랑하는 두 남녀가 서로에게 잘 보이기 위해, 상대가 싫어하는 것을 자제하는 것과 같은 이치입니다. 남들이 보면 조금 이상할 정도로 말입니다.

> 또한 나는 그의 앞에 완전하여 나의 죄악에서 스스로 자신을 지켰나니
>
> _시 18:23

〈시편〉을 읽다 보면 자기 의에 대한 이같은 다윗의 고백이 곳곳에 보입니다. 그런데 하나님 앞에서 그토록 순결하길 원했던 그도 아름다운 여성 앞에서 넘어지고 맙니다.

자신을 죽이려던 사울 왕도 그의 자식들도 모두 용서하고 품어 낸 다윗이, 이렇게 어이없이 무너지다니요(삼하 11:2). 죄는 사울처럼 군사를 몰고 무섭게 위협하면서 쫓아오는 존재가 아니라, 선악과처럼 달콤하고도 매력적으로 소리 없이 다가오는 속성이 있지요. 마치 매복하고 있는 수많은 군사가 숨소리조차 죽여 겉으로 보기엔 아무렇지도 않게 느끼도록 하는 것이 바로 '죄'의 전략입니다. 더 나아가 몸서리칠 만큼 아름답게 느끼도록 만드는 그런 교묘한 수를 내는 녀석도 바로 '죄'입니다(창 3:6).

'죄'의 덫에 걸리는 순간 그동안 차근차근 공들여 쌓아온 하나님과

의 관계 역시 모두 무너지고 맙니다. 골리앗도 무너뜨렸던 다윗이 유부녀 밧세바를 안아 임신시키고(삼하 11:5), 그 일을 만회하고자 결국 자기의 충직한 장군인 그녀의 남편 우리아를 죽음으로 몰았지요(삼하 11:15). 이처럼 비열해진 다윗에게서 하나님의 은혜와 사랑을 노래하던 다윗을 찾아볼 수 있습니까?

그런데 그는 나단 선지자를 통해 전해진 하나님의 질책 앞에 무릎을 꿇고 눈물로 이불을 적시며 회개 기도를 드렸습니다. 다윗의 회개는, 언제든 이런 죄를 또 지을 수도 있다는 여지를 남겨둔 그런 기도가 아니었습니다. 지금의 죄된 모습을 다시는 반복하지 않겠다는 결심을 아뢰는 그런 간구였지요(시 51편). 스스로의 죄에 직면하여 다윗은 하나님 앞에 섰습니다. "나의 죄악을 말갛게 씻으시며 나의 죄를 깨끗이 제하소서"(시 51:2)라는 다윗의 회개는 죄의 무게만큼이나 고통스럽고 처절해 보입니다.

> [10]하나님이여 내 속에 정한 마음을 창조하시고 내 안에 정직한 영을 새롭게 하소서 [11]나를 주 앞에서 쫓아내지 마시며 주의 성령을 내게서 거두지 마소서 _시 51:10-11

살을 오려 내는 듯한 심판이 내렸고, 다윗은 이후로 그때의 회개를 반복하지 않았습니다. 이것이 바로 진짜 회개라고 우리에게 말해 주는 듯합니다. 이성의 유혹은 이후에도 수없이 있었지만(왕상 1:4), 다윗은 상습범으로 남지 않았습니다. 그는 그때 이후로 다시는 같은 죄를 짓지 않았으니까요.

우리의 내면 깊숙이 자리 잡은 나만의 죄들, 보기에도 거북하고 악취가 나 고통스럽습니다. 이제는 용기 내어 그 죄들을 십자가의 예수님께로 가져가 봅시다. 놀랍고도 경이로운 그분의 사랑이 우리를 깨끗한 그릇으로 바꾸어 줄 것입니다.

그러므로 너희가 회개하고 돌이켜 너희 죄 없이 함을 받으라 이같이 하면 새롭게 되는 날이 주 앞으로부터 이를 것이요 _행 3:19

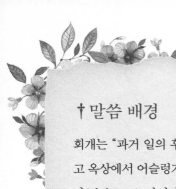

† 말씀 배경

회개는 "과거 일의 후회, 돌이키다"라는 뜻이다. 다윗은 사명을 잃어버리고 옥상에서 어슬렁거리다가, 즉 기도 없이 목적 없이 있다가 죄에 넘어졌다(삼하 11:3). 아이가 죽고, 칼이 집안을 떠나지 않는 등 다윗은 자신이 저지른 죗값을 톡톡히 치렀다(삼하 11, 12장).

죄를 지적받아 죄인임을 자각한(눅 18:13) 다윗은 죄를 자복하며 죄에서 돌아섰다(눅 19:8). 이후에는 하나님의 위대하심만 고백한다(대상 29:11-12). 그는 신실하였고(삼하 9:6-8), 의로웠으며(삼하 8:15), 온유했다(삼상 24:2-7). 자비로웠고(삼하 19:23), 지혜로웠으며(삼상 18:14), 하나님 마음에 맞는 사람이었다(삼상 13:14).

† 골방 일기

1. 반복적으로 넘어지는 죄가 있는지 살펴봅시다.

_____

_____

_____

2. 끊어지지 않는 죄의 습관을 이기기 위해, 오늘 해야 할 일은 무엇인가요?

_____

_____

_____

#20
정의가 강물처럼
-아모스

댈러스의 북부 지역을 심방하다가 점집이 들어서 있는 거리를 지나게 되었습니다. 점집은 가장 부유한 지역에 수년 전부터 있었는데, 그 앞에 많은 미국인이 있었습니다.

사람들은 누구나 자신의 미래를 보고 싶어 하고 보다 행복해지기를 원합니다. 그런데 사람의 행복보다 중요한 기준이 분명 있습니다. 그것은 바로 하나님의 정의와 공의입니다. 하나님의 진리를 떠난 행복은 더이상 진짜 행복이 아니기 때문입니다.

북 이스라엘이 정의와 진리를 잃어버리고 죄로 강성했을 때에 하나님께서 아모스를 부르셨습니다. 주님은 형제와의 계약을 소홀히 여기고 포악을 일삼는 이들을 보며 진노하셨습니다. 긍휼의 마음을 상실한 이들을 향해 주님은 심판을 작정하셨지요(암 1:11).

아모스는 거짓된 삶에 현혹된 이들을 향한 하나님의 마음을 발견했습니다. 심판을 받게 될 이들을 향한 하나님의 경고 말입니다. 온 성읍이 취하고 나라 안팎이 타락해 악취가 진동하는 것을 보고 하나님께서 진노하셨습니다(암 4:1).

하나님께서는 그러한 삶에서 돌이키기를 원하셨지요. 하나님을 만나기를 간절하게 기대하셨습니다(암 4:12). "너희는 나를 찾으라 그리하면 살리라"(암 5:4)는 하나님의 마음을 영적인 분별력이 사라진 이들은 발견할 수 없었습니다.

백성은 정의로운 길이 무엇인지 알았지만, 마땅히 가야 할 길에 소홀했습니다. 귀중한 진주와 같은 진리의 말씀을 던져 버렸고, 하나님을 찾는 일은 뒤로 한 채 자신들의 길을 걷기에 바빴습니다. 선하신 하나님을 잃어버렸고 하나님을 향한 마음도 사라졌습니다(암 5:4-14).

공동체도 타락했습니다. 정직하게 살면 오히려 이상한 사람으로 취급받았지요. 바른 길을 아무리 이야기해도 귀를 닫았습니다(암 5:10). 악한 세대가 강성하니까 하나님을 멸시하는 분위기가 독버섯처럼 퍼졌습니다. 지혜자가 이상한 사람으로 취급받기 일쑤였습니다(암 5:13). 이와 같은 때에 하나님께서는 아모스의 입을 통해 분명히 선언하셨습니다.

너희는 악을 미워하고 선을 사랑하며 성문에서 정의를 세울지어다…

_암 5:15a

너희가 내게 번제나 소제를 드릴지라도 내가 받지 아니할 것이요 너희의 살진 희생의 화목제도 내가 돌아보지 아니하리라 _암 5:22

하나님은 사람들이 얼마나 선을 사랑하는지 보고 계셨습니다. 그 땅은 정의가 사라진 지 오래였으며 완악한 마음만이 남아 채찍질을 기다리고 있었지요. 우리가 살아가는 세대도 마찬가지입니다. 하나님의 정의와 선을 사랑하는 '회복'이 절실한 때입니다. 중심이 회복되지 않으면 우리가 드리는 예배와 사역도 하나님을 기쁘시게 할 수 없습니다(암 5:22).

정의를 상실하고 공의가 말라버린 땅에 과연 다시 영적인 부흥이 찾아올 수 있을까요? 하나님 앞에 철저히 회개하고, 주님의 마음을 품은 한 사람을 통해 하나님은 다시 부흥을 허락하실 것입니다. 하나님을 향한 신실한 마음을 가진 한 사람에게 소망이 있습니다.

오직 정의를 물같이, 공의를 마르지 않는 강같이 흐르게 할지어다

_암 5:24

세대가 악할수록 사람들이 바른 길을 가는 일이 더욱 어려워집니다. 그래서 주님께서 구원에 이르는 길을 좁은 문이라 표현하셨나 봅니다(마 7:13). 때로 의로운 길은 큰 희생을 필요로 합니다. 그럼에도 불구하고 악한 세대에서 하나님의 공의를 추구하는 이들에게 복이 있습니다. 하나님은 "정의를 지키는 자들과 항상 공의를 행하는 자는

복이 있도다" 하고 약속하셨습니다(시 106:3).

　작게는 우리의 가정에서, 직장에서, 학교에서, 일터에서 혹시 불의와 슬그머니 손잡는 모습이 있지는 않았는지 돌아보면 좋겠습니다.

　바로 나로부터 주님의 공의와 정의가 시작되어 이 땅가운데 하나님의 진리가 넘칠 수 있기를 소망합니다.

† 말씀 배경

아모스는 '무거운 짐을 진 사람'이라는 뜻이다. 그는 B.C. 8세기에 활동한 선지자로, 남 유다의 드고아에서 출생했고 뽕나무를 키웠다. 아모스는 정치·경제적으로 번성하는 시기에 활동했다.

아모스는 부유한 이들이 타락한 종교 활동을 하고 있을 때 하나님의 말씀을 선포했다. 그는 북 이스라엘의 여로보암 2세 때 고향 남 유다를 떠나 사마리아 지역에서 하나님의 말씀을 전파했다. 아모스는 악한 세대를 향하여 '회개'를 촉구했고, 정치 지도자들을 향해 사회 정의와 공의를 선포하였다.

† 골방 일기

1. 공의롭고 정의로운 하나님을 따라 살아가고 있나요?

_____

_____

_____

2. 정의롭지 못한 사회 속에서 내가 할 수 있는 하나님의 공의로운 사역들은 무엇일까요?

_____

_____

_____

#21
너는 내 것이라
- 이사야1

🌿 미국에 처음 부임했던 교회는 600석 되는 교회 건물을 20여 명의 성도가 유지하고 있었습니다. 저는 성도들이 영적으로 탈진하는 것을 더 이상 볼 수 없어 결단을 내렸지요. 한 사람한 사람을 살리기 위해 건물을 포기하는 것이었습니다.

결국 댈러스의 북쪽으로 교회를 이전하기 위해 여러 장소를 물색했습니다. 하루에 10개 이상의 교회들을 무작정 알아보며 다녔습니다. 그런데 하루는 아내가 호수 옆에 아름답게 자리 잡은 교회를 보며 말했습니다.

"여보 저런 교회 들어가면 참 좋겠다."

무작정 차를 세우고 교회로 들어갔습니다. 그런데 교회 안에 들어가 보고 놀라지 않을 수 없었습니다. 왜냐하면 절친한 미국 친구가 중직으로 봉사하고 있던 교회였기 때문입니다. 결국 하나님의 섭리 안에서 순탄하게 이 교회로 이전할 수 있었습니다.

저는 이 일을 통해 창조의 하나님께서 모든 상황 속에서 앞서 길을 인도하신다고 고백하게 되었습니다. 주님은 댈러스의 수백만 인구 중에 일찍이 이 친구를 알게 하셨고 우리 교회의 앞길을 이미 예비하고 계셨던 것입니다.

이사야는 격변기에 활동했던 선지자였습니다. 그는 기도하는 중에 하나님을 만났고 하나님의 원대한 계획을 발견했습니다. 이사야는 하나님의 나라를 목도했을 뿐 아니라 공동체를 향한 하나님의 마음을 깨달았습니다.

이사야는 백성의 타락을 보며 통탄했습니다. 주인되시는 하나님을 알아보지 못하고, 온갖 형식적인 신앙으로 변질된 사람들을 보며 고개를 떨구었습니다. 그 땅은 뇌물과 패역(사 1:23), 헛된 제물과 악한 삶(사 1:13), 교만한 마음(사 2:11)으로 가득했지요. 오늘 우리 주변에서 쉽게 목격할 수 있는 모습들입니다.

> 소는 그 임자를 알고 나귀는 그 주인의 구유를 알건마는 이스라엘은 알
> 지 못하고 나의 백성은 깨닫지 못하는도다_사 1:3

죄에는 힘이 있고 오염성이 있어서 죄에 빠지면 하나님을 볼 수 없을 뿐 아니라, 잇달아 다른 죄에 빠져들게 됩니다. 죄로 얼룩진 자신을

보며 하나님 앞에 납작 엎드린 이사야에게 "거룩하신 하나님의 영광"
이 임하였습니다(사 6:3). 하나님의 임재하심 속으로 이사야가 나아가
거룩하신 하나님 앞에 섰습니다.

하나님의 깊은 임재를 경험한 이사야는 주님께 자신의 남은 삶을
드리기로 작정합니다. "내가 누구를 보내며 누가 우리를 위하여 갈
꼬" 말씀하시는 하나님께 자신을 보내 달라고 응답하며 결단한 것
입니다(사 6:8). 두렵고 떨리는 마음으로 사명의 길을 걷기로 결정한
이사야는 하나님의 말씀을 담대히 백성에게 전합니다. 애굽의 병거
와 마병을 의지하는 이들에게 엄하게 경고하며 회개를 촉구합니다
(사 31:1).

이사야는 변화무쌍한 환경 속에서도 주인되시는 주님을 전적으로
신뢰했습니다(사 29:16). 바벨론 제국과 주변 정세가 매우 빠르게 변
했고, 자칫하면 지금까지 자신이 쌓아놓은 경력과 모든 것이 무너질
수 있는 상황이었지만, 그럼에도 불구하고 이사야는 주님을 전적으
로 의지하며 겸손하게 하나님께로 나아갔습니다.

> 야곱아 너를 창조하신 여호와께서 지금 말씀하시느니라 이스라엘아
> 너를 지으신 이가 말씀하시느니라 너는 두려워하지 말라 내가 너를 구
> 속하였고 내가 너를 지명하여 불렀나니 너는 내 것이라_사 43:1

주님은 두려워 떨고 있는 이사야에게 "너는 내 것이라"며 확신을
주셨습니다. 이사야는 하나님께서 영원한 아버지가 되시고 당신의

소유된 백성으로 삼으신 것을 감사하며 고백했습니다.

우리 역시 온 세상을 만드신 하나님 안에 거할 때, 그 하나님 안의 믿음으로 세상을 이깁니다. 하나님께서 반드시 선한 길로 인도하신 다는 사실을 믿고, 전적으로 그분을 바라보기를 원합니다.

주님을 만나셨습니까? 그분이 우리 삶의 모든 부분을 인도하신다 는 것을 믿나요? 주님은 우리의 아버지가 되시며 흠과 티가 없는 신실 한 분이십니다. 모든 상황 속에서 가장 선한 일을 이루시는 하나님을 신뢰하며 믿음의 여정을 함께하시길 소망합니다.

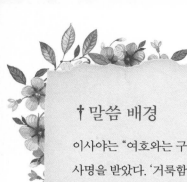

✝ 말씀 배경

이사야는 "여호와는 구원이시다"라는 뜻이다. 그는 거룩한 하나님을 만나 사명을 받았다. '거룩함'은 '하나님을 섬기기 위해 세속적인 것들로부터 구별'되는 것이다. 이사야는 아하스 왕과 그의 아들 히스기야 왕 시대에 살면서 하나님의 말씀을 전했다(사 20:2-3).

이사야는 하나님을 창조주로 만났다. 창조는 '세우다'라는 뜻이며, 이사야는 무(無)에서 유(有)를 창조하는 하나님을 전적으로 신뢰했다. 전승에 의하면 이사야는 히스기야 이후 므낫세 왕에게 순교당했다고 한다.

✝ 골방 일기

1. 나의 삶에 가장 거룩하지 못한 부분들은 무엇인가요?

_____

_____

_____

2. 창조의 하나님을 정말 확신하고 그분의 인도하심을 전적으로 신뢰하나요? 창조의 아버지를 믿게 된 계기를 고백해 봅시다.

_____

_____

_____

#22
하나님의 나라를 사모하다
– 이사야2

　　　　　🌿 새로 이전한 교회 모퉁이에서 알을 품고 있는 어미 오리를 발견했습니다. 어미 오리는 알을 품으며 며칠째 움직이지 않았습니다. 새벽 기도하러 오고가며 힐끔힐끔 본 지 일주일이 지났지만 요지부동이었습니다.

　그런데 하루는 새벽 기도가 끝나고 매우 세찬 비바람이 몰아쳤습니다. 궁금해서 우산을 쓰고 모퉁이 뒤를 가봤는데 여전히 어미 새는 알을 품고 있었습니다. 어미 오리는 온몸이 비에 젖었지만 여전히 자리를 지키고 있었습니다. 둥지 옆으로 제법 거센 물결이 흐르고 있었는데도 말입니다. 어려운 환경 중에도 끝까지 버티고 있는 어미 오리를 보며 감동을 받았습니다.

　어미 오리를 본 후 집으로 오는 중에 주님을 묵상했습니다. 당신의 교회를 저렇게 품으시는 주님의 마음이 전해졌습니다. 온 세상을 품고 사랑하시는 예수님의 십자가가 마음 안으로 스며들었습니다.

이사야 선지자는 먼 훗날 이 땅에 오실 주님을 떠올렸습니다(사 7:14). 아하스 왕은 앗수르 제국을 의지하며 하나님을 등지고 살아온 지 오래였습니다. 그러나 이사야는 임마누엘로 이 땅의 어둠을 뚫고 찾아오실 주님을 묵상했습니다.

> 그러므로 주께서 친히 징조를 너희에게 주실 것이라 보라 처녀가 잉태하여 아들을 낳을 것이요 그의 이름을 임마누엘이라 하리라_사 7:14

왕의 불순종은 계속되었습니다(사 8:20). 그럴수록 이사야는 하나님의 긍휼을 구하며 기도에 전념했습니다(사 9:4-5). 이사야는 기묘자요(wonderful counselor, 불가사의한 지도자), 모사요(counselor, 인간의 조언이 필요 없으심), 전능하고 영존하신 평강의 주님을 확신하며 간구했습니다(사 9:6).

이사야는 하나님의 마음을 깨닫고 자신에게 주어진 십자가의 길을 걷습니다(사 52:13). 하나님의 십자가를 바라보며, 우리의 죗값을 담당하신 주님을 주목합니다. 이사야는 주님의 마음으로(사 59:1-2), 세상 죄를 담당하신 십자가 앞으로 나아갔습니다(사 53:12).

> ⁴그는 실로 우리의 질고를 지고 우리의 슬픔을 당하였거늘 우리는 생각

하기를 그는 징벌을 받아 하나님께 맞으며 고난을 당한다 하였노라 [5]그가 찔림은 우리의 허물 때문이요 그가 상함은 우리의 죄악 때문이라 그가 징계를 받으므로 우리는 평화를 누리고 그가 채찍에 맞으므로 우리는 나음을 받았도다 _사 53:4-5

바벨론 유배 시절을 겪기 전부터 이스라엘 민족에게는 불신앙, 하나님의 부재, 정체성 상실과 나라를 잃은 설움, 불확실한 미래 같은 두려움이 있었습니다. 그러나 이사야는 여러 상황 속에서 함께하시는 하나님을 경험했습니다. 이사야는 오실 메시아를 마음에 품었고(시 22:27), 그의 마음에 넘치는 구원의 감격은 무엇과도 바꿀 수 없는 보배였습니다.

이제 이사야는 생명을 구원하시는 하나님의 소식에 감격하며 기뻐합니다. 이사야에게 임한 하나님 나라는 그 무엇과도 비교할 수 없는 기쁨이자 삶의 이유로 자리잡습니다(사 25:1). 사망을 영원히 멸하실 하나님, 모든 얼굴에서 눈물을 씻기시며 자기 백성의 수치를 천하에서 제하실 하나님을 선포했습니다(사 25:8).

이사야는 하나님의 나라를 사모하며 그분의 의를 구하였습니다. 밤낮을 가리지 않고 전적으로 하나님을 신뢰하며 나아갔지요(사 26:9).

보라 내가 새 하늘과 새 땅을 창조하나니 이전 것은 기억되거나 마음에 생각나지 아니할 것이라 _사 65:17

이사야는 모두가 온전히 자유롭게 변화하는 완전한 주님의 나라를 기대하였습니다(사 35:5-6). 하나님께서 새롭게 창조하실 새 하늘과 새 땅을 바라보며. 막막한 현실 속에서도 하나님 나라의 길을 걸어간 것입니다(사 40:5). 그의 마음에 임한 하나님 나라는 눈물과 애통이 없으며, 영원한 하나님 안에 안식이 있는 곳이었습니다.

오늘 우리에게 하나님 나라의 소망이 없다면 기독교는 아무런 의미가 없습니다. 모든 그리스도인의 소망은 하나님 나라입니다. 우리의 모든 삶은 언젠가 먼지처럼 사라지지만, 그의 나라는 영원합니다. 오늘도 하나님 나라의 복음이 우리 안에 넘쳐나기를 갈망합니다.

✝ 말씀 배경

앗수르 제국이 점차 세력을 확장하며 북 이스라엘을 완전히 멸망시켰다(왕하 17:6). 앗수르는 새롭게 북 이스라엘로 이주한 여러 정착민과의 혼혈 정책을 본격적으로 시행했고, 이러한 정책을 통해 앗수르 제국에 동화되기를 꾀했다(왕하 17:24). 이사야는 아하스 왕이 '친 앗수르' 정책을 펴는 것을 지켜보고는, 하나님의 말씀을 온전히 듣도록 권면했지만(사 7:12). 왕은 하나님을 구하지 않았다.

이사야가 살던 시대 이후, 바벨론이 앗수르를 공격했고 예루살렘도 멸망시켰다. 거의 1,150킬로미터에 달하는 거리를 수만 명의 히브리인들이 포로로 끌려갔다. 하나님은 그 가운데에서도 복음(기쁨의 소식)을 전하시며 소망을 주셨다.

✝ 골방 일기

1. 예수님의 십자가 은혜가 내 삶에 실제적으로 경험되었나요?

_____

_____

2. 주변에 복음을 전해야 할 대상은 누구인지 살펴봅시다. 마음에 영혼을 사랑하는 열정이 있나요?

_____

_____

#23
오직 말씀으로
-요시야

한국에서 신학대학원을 다닐 때 동료들과 함께 만든 '말씀 통독반'은 신학 공부를 재미있게 해주었습니다. 몇몇 학생이 모여 말씀을 읽고 암송하고 숙제도 하며 함께 기도하는 시간을 가졌지요. 말씀을 통독할 때마다 새롭게 느껴졌고 소명감도 생겼습니다.

미국에 와서는 이민 교회를 섬기면서 '다니엘 말씀 학교'를 시작했습니다. 방학이 되면 지원자들을 모집해서 말씀을 읽고 암송하는 훈련이었습니다. 성경은 아무리 반복해서 읽어도 항상 새로웠습니다. 말씀은 삶의 목적을 계속 일깨웠고 하나님의 마음을 깨닫게 해주었습니다. 하나님의 말씀에 능력이 있는 것을 늘 새롭게 발견했습니다.

요시야는 말씀을 통해 사명을 발견하고 인생의 획기적인 변화를 경험했습니다. 성전에서 율법책을 발견했다는 소식을 들은 요시야는 말씀을 가까이했고, 말씀을 가까이할수록 겸손하게 자신을 낮추며 하나님께 나아갔습니다.

> [8]대제사장 힐기야가 서기관 사반에게 이르되 내가 여호와의 성전에서 율법책을 발견하였노라 하고 힐기야가 그 책을 사반에게 주니 사반이 읽으니라 … [10]또 서기관 사반이 왕에게 말하여 이르되 제사장 힐기야가 내게 책을 주더이다 하고 사반이 왕의 앞에서 읽으매 [11]왕이 율법책의 말을 듣자 곧 그의 옷을 찢으니라 _왕하 22:8-11

율법을 들은 요시야는 하나님 앞에 옷을 찢으며 회개합니다. 말씀 앞에 한없이 부족한 자신을 발견하고 자신의 죄를 깨닫습니다. 지금까지 교만하게 살았던 자신의 모습을 돌아보며 자신의 영적인 모습을 주님께 올려 드립니다.

요시야는 왕이 되고서 남부러울 것 없이 지냈습니다. 하지만 그 마음의 깊은 공허함을 해결할 수는 없었습니다. 요시야는 말씀을 벗어나 살아왔던 자신을 깨달으며, 거룩한 모습으로 하나님 앞에 서기를 원했습니다. 그는 조상들이 책의 말씀을 듣지 않고 지키지 않아 하나님의 진노를 받았다고 고백합니다(왕하 22:13)

요시야는 오랫동안 당연하게 여겼던 세속적인 가치관들을 발견했습니다. 그동안 말씀에 불순종했던 모습을 회개했고 말씀 앞에 솔직하게 자신의 삶을 비추며 주님께 나아갔습니다.

> 왕이 단 위에 서서 여호와 앞에서 언약을 세우되 마음을 다하고 뜻을 다
> 하여 여호와께 순종하고 그의 계명과 법도와 율례를 지켜 이 책에 기록
> 된 이 언약의 말씀을 이루게 하리라 하매 백성이 다 그 언약을 따르기로
> 하니라 _왕하 23:3

요시야는 하나님의 말씀에 주목했습니다. 그리고 그 말씀을 향한
열망은 부흥의 밑거름이 되었지요. 왕으로부터 시작된 부흥은 이스
라엘 전역에 영적인 불을 지폈습니다. 끊임없이 이어져 내려온 가치
관의 혼란을 뒤로하고, 요시야는 전적으로 하나님의 말씀 위에 굳게
서고자 했습니다.

요시야에게 찾아온 말씀이신 주님은 우리에게도 동일하게 오십니
다. 태초부터 지금까지 주님은 말씀으로 역사하셨고(요 1:1), 말씀이
신 주님께서 육신의 몸으로 이 땅에 오셨습니다. 주님은 우리에게 말
씀하셨습니다. 오직 말씀 안에 있을 때 살아나고 회복되며 구원받는
다고 말입니다(마 4:4). 말씀은 우리 삶을 온전하게 하는 원동력인 것
입니다.

> [16]모든 성경은 하나님의 감동으로 된 것으로 교훈과 책망과 바르게 함
> 과 의로 교육하기에 유익하니 [17]이는 하나님의 사람으로 온전하게 하며
> 모든 선한 일을 행할 능력을 갖추게 하려 함이라 _딤후 3:16-17

부흥은 주님의 말씀으로부터 시작합니다. 영적으로 혼탁한 시대일수록 우리는 말씀에 우선순위를 두어야 합니다. 말씀으로 인도를 받을 때 개인도, 공동체도 다시금 새롭게 일어날 것입니다.

말씀 위에 굳게 서서 다시금 영적인 전성기를 맞았던 요시야처럼, 우리 안에 하나님의 말씀이 심겨지고 말씀으로 자라나기를 원합니다. 말씀을 가까이할 때 영적인 사람이 되고 주님께서도 기뻐하실 것입니다. 말씀 위에 서서 오직 하나님을 바라보는 이들에게 풍성한 영성 생활이 이어집니다.

✝ 말씀 배경

요시야는 "여호와께서 격려하신다"라는 뜻으로, 그는 백성에게 사랑받는 왕이었다. 당시 앗수르가 바벨론에게 니느웨를 빼앗겨 몰락하는 중이었고, 북 이스라엘은 하란으로 소수의 사람이 옮겨간 뒤 최소한의 명맥만 유지하고 있었다.

요시야는 성경에 등장하는 일곱 절기(유월절, 무교절, 초실절, 오순절, 나팔절, 속죄일, 장막절: 레 23장) 중에서도 가장 핵심적인 유월절 절기를 회복했다. 절기는 우리를 위함이 아니라 하나님을 위해 지켜야 한다고 성경은 가르친다.

✝ 골방 일기

1. 내 삶의 우선순위는 무엇인가요? 말씀인가요?

_____

_____

_____

2. 말씀을 우선으로 삼으려면 지금 어떤 결단을 해야 할까요?

_____

_____

_____

#24
물이 바다를 덮음같이
-하박국

서점에서 책을 읽던 아이가 하나님이 왜 뱀의 독을 만드셨는지 물었습니다. 그러면서 그동안 과학 서적을 읽으며 궁금했던 부분들을 계속 질문했습니다. 공룡은 화산이 터져서 멸종한 건지, 운석이 떨어져서 멸종한 건지 등 당혹스런 질문을 했습니다.

그 뒤로 아이에게 성경 말씀을 읽어 주었습니다. 그랬더니 이제는 성경의 내용들을 질문하기 시작했습니다.

"왜 하나님은 마귀를 내버려 두나요?"

"왜 선악과를 만들어야만 했나요?"

여섯 살이 이런 질문을 할 수 있다는 걸 알았습니다. 그런데 놀랍게도 아이가 성경을 읽으면서 여러 궁금증을 스스로 풀어가는 것을 보게 되었습니다.

"악인이 의인을 삼키고 있는데 하나님께서는 왜 잠잠하십니까?"

하박국은 납득이 가지 않는 현실과 심판의 결과에 대해 진지하게 하나님께 물었습니다(합 1:13). 주님은 하박국의 질문에 세밀하게 말씀으로 답하셨지요.

하나님은 하박국에게 말씀하셨습니다. 묵시는 정한 때가 있고 거짓되게 오지 않는다고 말입니다. 주님이 이루시는 묵시는 반드시 이루어지고 하나님의 뜻은 반드시 성취된다는 약속의 말씀이었습니다. 그리고 하나님의 뜻 앞에서 우리가 어떤 태도를 가져야 하는지를 말씀하셨습니다.

> [3]이 묵시는 정한 때가 있나니 그 종말이 속히 이르겠고 결코 거짓되지 아니하리라 비록 더딜지라도 기다리라 지체되지 않고 반드시 응하리라 [4]보라 그의 마음은 교만하며 그 속에서 정직하지 못하나 의인은 그의 믿음으로 말미암아 살리라_합 2:3-4

하나님께서는 사람이 넓은 길로 다니며 죄의 노예로 살면, 그 죄에 대한 보응이 반드시 있을 것이라고 말씀하셨습니다. 또한 부당한 이익을 취하고 사람의 피를 흘리는 이들에게는 죄의 결과가 당연하다는 말씀도 주셨습니다(합 3:8).

주님은 오랫동안 이스라엘 민족을 주시하셨지요. 주님은 많은 민족을 멸하고도 양심의 가책이 없는 이들을 불꽃 같은 눈으로 보고 계셨습니다(합 2:10). 하나님은 사랑과 용서의 하나님이지만 죄를 묵인하지는 않으시지요.

하박국 주변에는 헛된 일과 우상에 빠진 사람으로 넘쳐 났습니다 (합 2:19). 주님은 이 모든 것을 아셨고 다시금 하나님의 영광이 가득한 날을 기대하셨습니다. 술에 취한 이들은 계속 술에 빠져 있었고, 강포를 행하는 이들은 여전히 피를 흘리며 강포를 일삼았습니다. 그러나 하나님은 영광을 받기 원하셨지요. 다시금 이 땅에 역사하는 영적인 부흥을 바라셨습니다(합 2:20).

하박국은 그런 하나님의 마음을 깨닫고 간절히 기도하였습니다. 하박국은 이 땅을 주님께서 공평하게 통치하고, 하나님이 기뻐하시는 부흥이 수년 내에 일어나기를 간구했습니다. "진노 중에라도 긍휼을 잊지 마시라"(합 3:2)며 주님의 긍휼과 사랑을 구했습니다. 그의 시선에는 하나님을 기뻐하고 감사하는 믿음이 담겼습니다. 그는 하나님이 주관하시는 삶에 진정한 소망이 있다는 것을 깨달았습니다. 심판 중에도 오직 주님만이 진리이심을 확신했지요.

> 17비록 무화과나무가 무성하지 못하며 포도나무에 열매가 없으며 감람나무에 소출이 없으며 밭에 먹을 것이 없으며 우리에 양이 없으며 외양간에 소가 없을지라도 18나는 여호와로 말미암아 즐거워하며 나의 구원의 하나님으로 말미암아 기뻐하리로다 _합 3:17-18

비록 주변 환경은 달라지지 않았지만, 하박국은 환경에 굴하지 않았습니다. 하나님이 기뻐하시는 삶에 초점을 두었습니다. 앞으로의 삶을 주관하실 주님을 바라보며 상황을 뛰어넘어 기뻐했습니다. 그렇게 할 수 있었던 이유는 하나님 안에 거하는 기쁨과 믿음 때문이었지요.

> 근심하는 자 같으나 항상 기뻐하고 가난한 자 같으나 많은 사람을 부요하게 하고 아무 것도 없는 자 같으나 모든 것을 가진 자로다 _고후 6:10

하박국이나 사도 바울처럼 하나님 안에 거하며 감사하는 그리스도인이 되기를 간구합니다. 어떤 환경 중에도 주님을 바라보는 믿음을 가지고 능력 있는 신앙생활을 하기를 소망합니다.

✝ 말씀 배경

하박국은 '껴안다'라는 뜻이다(왕하 4:16). 그는 남 유다의 선지자로서 B.C. 6세기경에 활동했다. 하박국은 타락한 사회를 향한 하나님의 마음을 전했다. 그는 하나님과 대화하는 기도를 했다.

하박국은 악인이 흥하고 선한 사람이 고통받는 것을 묵과하시는 하나님에 대해 의구심이 있었다. 하나님은 하박국에게 그분의 뜻과 심판이 이루어진다고 말씀하셨고 이는 성취되었다(합 2장). 하나님은 죄를 심판하시는 분이고, 우리는 예수 그리스도의 공로로 인하여 구원을 받는다.

✝ 골방 일기

1. 알게 모르게 지은 모든 죄를 회개했는지, 또한 죄를 반복하지 않고 그 죄를 끊었는지 돌아봅시다.

_____

_____

_____

2. 어려운 환경에도 불구하고 하나님 한 분만으로 인하여 기뻐했던 기억을 고백해 봅시다.

_____

_____

_____

25

말씀이 성령으로 임하고

-에스겔

🍃 목회한 지 10년 째 되던 해, 남은 목회 활동은 오직 기도와 말씀에 전념하기로 결단하는 시간을 가졌습니다. 마음이 답답할 때 금식하고 철야 기도를 하면 어느새 하나님께서 주시는 감동과 확신이 밀려왔습니다. 기도와 말씀이 목회의 가장 중요한 요소라는 것을 더욱 깨닫게 되었지요.

불편한 사람을 만날 때면 하나님께 아뢰고, 더 사랑하고 품는 일에 초점을 두었습니다. 예수님처럼 사랑하고 안아주는 목회가 꿈입니다. 부족하니까 하나님께 매달리며 맡기는 것이 남은 목회 활동의 초점이 되었습니다.

에스겔은 바벨론에 사로잡혀가게 될, 도저히 회복이 불가능해 보이는 백성을 보며 실망했습니다(시 137:1). 사방을 둘러 봐도 희망이 보이지 않았지요. 나라를 빼앗긴 설움은 그를 영적인 공황 상태에 이르도록 했습니다. 에스겔은 두렵고 떨리는 마음으로 하나님의 임재 앞에 섰고, 이스라엘 백성을 향해 진노하시는 하나님의 말씀을 들었습니다. 이 백성은 얼굴이 뻔뻔해서 하나님의 말씀을 들으려 하지 않았습니다. 자손 대대로 패역하게 행하였고 재앙의 길을 따라 걸었습니다(겔 2장).

"그들이 듣든지 아니듣든지 너는 내 말로 고할지어다"(겔 2:7) 명령하시는 하나님. 에스겔은 하나님의 말씀에 귀를 기울였습니다. 무너지고 황폐한 이들을 회복시키는 진리의 말씀을 에스겔은 경청했습니다(겔 3:17). 하나님의 말씀이 성령으로 에스겔에게 임했고, 새 소망의 비전이 에스겔을 통해 전해집니다. 주님은 에스겔을 파수꾼으로 세워 일하겠다고 말씀하셨습니다. 하나님의 말씀을 전하고 가르치는 사명자로 세우겠다고 하셨지요.

인자야 내가 너를 이스라엘 족속의 파수꾼으로 세웠으니 너는 내 입의 말을 듣고 나를 대신하여 그들을 깨우치라 _겔 3:17

백성은 사정이 어려워서 하나님을 따르지 못한 것이 아니었습니다. 고난 때문에 하나님의 말씀을 듣지 않은 것도 아니었습니다. 마음이 굳어졌기 때문에 주님의 말씀을 들으려 하지 않았습니다(히 3:8).

그러나 에스겔에게는 하나님의 말씀을 사모하는 중심이 있었습니다. 그는 마음을 낮추고 간절함으로 말씀을 붙잡았습니다. 자신의 형편에 따라 말씀을 선택하지 않았고, 삶의 기호에 말씀을 이용하지도 않았습니다. 그는 하나님의 말씀을 사모하였고, 꿀처럼 다디단 주님의 음성을 들었습니다(시 119:103; 겔 3:3).

에스겔은 순전한 마음으로 말씀을 받아들이고, 그대로 전했습니다. 말씀을 들으려 하지 않는 이들이 있었지만 간절히 하나님을 전하였지요. 이러한 말씀 선포는 파수꾼처럼 부름을 받은 사명자의 마땅한 책임이었습니다(겔 11:19).

하나님의 말씀은 생각과 경험을 뛰어넘어 역사하였습니다. 말씀을 강건너 불구경하지 않고 살아 있는 말씀의 위력을 경험하였던 에스겔이 부럽습니다.

> 예수께서 또 말씀하여 이르시되 나는 세상의 빛이니 나를 따르는 자는 어둠에 다니지 아니하고 생명의 빛을 얻으리라 _요 8:12

예수님의 말씀이 임할 때 생명의 빛을 얻습니다. 말씀을 듣고 순종하는 사람의 영혼은 성숙하고 성장할 뿐 아니라 생명을 보장받습니다. 세상의 길을 버리고 이제 하나님의 말씀을 듣고 그 말씀 안에 거하십시오. 깨어 기도하며 생명의 말씀 안에 거하고, 하나님 나라에 속한 삶을 살아가기를 소망합니다.

✝ 말씀 배경

에스겔은 "하나님이여 강하게 하소서"라는 뜻이다. 그는 바벨론 포로기 동안에 활동했던 선지자로, 사독 계열의 제사장 가문에서 태어났다. 에스겔은 이스라엘이 바벨론의 느부갓네살에게 포로로 잡혀가던 때에 활동했다. 이스라엘은 B.C. 6세기에 바벨론으로 끌려갔다(왕하 24:14). 그가 25세일 때 여호야긴 왕이 바벨론으로 끌려갔고, 수년 후에 바벨론 땅에 있는 백성을 섬길 사역자로 부름받았다. 에스겔은 유배지에서 마음이 강퍅한 백성에게 파수꾼의 심정으로 말씀을 전했다.

✝ 골방 일기

1. 하나님의 말씀을 삶의 중심에 세우고 살아가나요? 기호에 따라 말씀을 선별하는 것은 아닌지 고백해 봅시다.

_____

_____

2. 하나님의 말씀을 매일 묵상하고 사랑하는 삶을 살기 위해 나는 지금 무엇을 결단해야 하나요?

_____

_____

_____

#26
만군의 여호와가 이르노라
-말라기

목회하면서 치른 첫 장례식은 잊을 수 없습니다. 신학대학원을 다니면서 산속에서 목회를 시작했을 때의 일입니다. 새 가족으로 방문한 집사님은 자신의 부모 장례식을 저에게 부탁하며 처음부터 끝까지 모두 진행해 주기를 원했습니다. 여러 목회자에게 자문을 구하고, 수업 시간에 배웠던 기억들을 더듬어 장의사가 하는 모든 일을 하면서 장례식을 집례하였습니다.

처음 시신을 닦고서 수의를 입히는데, "주여" 소리가 절로 나오더군요. 그렇게 장례식을 인도하는 중에 큰 은혜를 받았습니다. 언젠가 나 역시 이렇게 세상을 떠나야 하고, 주님 앞에 서야 한다는 것이 감동으로 밀려왔습니다. 그동안 죽음을 간과한 채 살던 제 모습을 보며, 살아 있을 때 예수를 잘 믿어야겠다고 결단하게 된 것입니다.

말라기 선지자는 영적인 부담을 느꼈습니다. 하나님은 말라기에게 경고하며 이 땅의 백성을 향한 그분의 말씀을 전했습니다. 주님은 우리가 왕이신 하나님께 영광 돌리기를 간절하게 기대하고 계셨습니다. 주님은 만유의 하나님이요 세상 모든 곳에 거하시지만, 사람들은 하나님을 두려워하지 않으며 오히려 우습게 생각했습니다. 지도자들은 하나님의 이름을 무시하며 조금도 공경하지 않았습니다.

> 내 이름을 멸시하는 제사장들아 나 만군의 여호와가 너희에게 이르기를 아들은 그 아버지를, 종은 그 주인을 공경하나니 내가 아버지일진대 나를 공경함이 어디 있느냐 내가 주인일진대 나를 두려워함이 어디 있느냐 하나 너희는 이르기를 우리가 어떻게 주의 이름을 멸시하였나이까 하는도다_말 1:6

하나님은 말라기 선지자에게 계속해서 경각심을 심어주셨습니다. 하나님 앞에서 신앙생활을 잘못하는 부분들을 통렬하게 질책했지요. 잘못된 마음으로 봉헌하고 있는 이들의 중심을 지적하였고, 하나님을 향한 사랑이 사라진 형식적인 모습을 책망했습니다(고전 8:2-3).

무엇보다도 많은 신앙인은 예배를 번거롭게 여겼고 가볍게 취급했습니다. 흠 없는 것을 드려야 하는데 "훔친 물건과 저는 것, 병든 것"으로 봉헌했습니다(말 1:13). 무엇보다도 하나님을 향해 시들어진 백성의 마음이 가장 큰 문제였지요. 주님의 책망은 계속됐습니다. 하나님은 모든 자손과 가족에게 은혜를 내리지 않을 것이라고 경고했지요(말 2:1-3). 이들에게 심판의 때가 임박했다고 하셨습니다(말 2:9).

아주 오래전 하나님은 레위인과 평강의 언약을 세우셨는데 그 이유는 레위인이 하나님을 경외했기 때문이었습니다. 그러나 많은 사람이 그 언약을 깨뜨렸습니다(말 2:8). 이제 말씀을 저버린 공동체에게 예비된 것은 죄에 따른 심판뿐입니다. 그러나 공의의 하나님은 여전히 우리의 변화를 바라고 계셨습니다(말 3:8-10).

우리는 범사에 하나님을 닮아가야 합니다. 예수님을 중심으로 모시고 예비하며, 천국을 준비하며 살아야 합니다. 이를 이루기 위해서 늘 깨어 기도하고 하나님을 진정으로 예배해야 합니다(신 6:4-9).

이제 하나님은 말라기 선지자를 통해 주님의 오심을 예비하였습니다. 말라기는 자신 있게 이 땅에 오실 예수님과 세례 요한에 관해 전했습니다. 다시 오실 주님을 예비하며, 주님을 선언한 것입니다.

> 만군의 여호와가 이르노라 보라 내가 내 사자(세례 요한)를 보내리니 그가 내 앞에서 길을 준비할 것이요 또 너희가 구하는 바 주가 갑자기 그의 성전에 임하시리니 곧 너희가 사모하는 바 언약의 사자가 임하실 것이라_말 3:1

말라기 선지자와 세례 요한처럼 주님을 맞을 준비를 하는 성도에게 복이 있습니다. 주님을 온전하게 예배하는 거룩한 성도로 서 있을 때, 하나님 나라에 설 준비가 된 것입니다.

무엇보다도 십자가의 공로로 하나님 나라를 우리에게 베푸신 은혜에 감사드립니다. 이제 우리는 하나님을 온전하게 예배하고, 그분을 온전하게 믿어야 합니다. 날마다 그리스도 닮기를 사모하여 그리스도 안에서 넉넉한 평화와 은혜를 누리시기를 소망합니다.

너희 몸을 하나님이 기뻐하시는 거룩한 산 제물로 드리라 이는 너희가 드릴 영적 예배니라_롬 12:1b

† 말씀 배경

말라기는 '나의 사자'라는 뜻이다. 구약의 마지막 예언자였던 말라기는 포로기 이후 B.C. 5세기에 활동한 것으로 추정된다. 말라기 사상의 특징은 학개와 스가랴 시대, 느헤미야 시대의 모습을 함께 볼 수 있다는 것이다. 말라기의 예언에는 세례 요한도 포함되어 있다. 말라기는 예수님을 예비했던 세례 요한을 언급함으로써 구약과 신약을 잇는 매우 중요한 역할을 한다(말 3:1). 예수님의 길을 예비했던 말라기처럼, 그리스도인은 다시 오실 예수님을 맞을 준비를 해야 한다.

† 골방 일기

1. 하나님께 온전히 예배하기 위해 변화되어야 할 부분은 무엇일까요?

_____

_____

_____

2. 그리스도인의 완전(성화)한 삶을 추구하기 위해 결단할 부분을 고백해 봅시다.

_____

_____

_____

하 나 님 을   소 개 하 는   친 구

part **4**

하나님,

믿음을
주시네

#27
고통이 웃음으로
- 사라

🍃 결혼 후 6개월이 지날 무렵 건강에 이상을 느낀 아내가 산부인과를 찾았습니다. 동네 병원이었는데 정밀 검사를 해야 할 것 같다고 말했습니다. 그래서 분당의 유명한 병원을 찾아 자세히 검사했는데, 영구 불임이라는 진단을 받았습니다.

그날 집에 돌아오는 길이 얼마나 멀게 느껴지던지요. 한동안 힘겨운 시간을 보내야 했습니다. 아내가 받은 상처는 매우 컸습니다. 하나님께 의지하는 길 이외에는 아무것도 할 수 없었습니다. 오래지 않아 태의 문이 열렸지만, 잠깐의 시간을 통해 불임이 얼마나 고통스러운 것인지 조금이나마 알 수 있었습니다.

성경에는 불임의 고통으로 오랜 세월을 눈물로 살아간 여인이 여

럿 등장합니다. 그중에 대표적인 여인이 바로 아브람의 아내 사래입니다. 그녀의 나이 89세. 지나온 날을 뒤돌아보면 눈물 가득한 기억뿐입니다. 남편 하나 믿고 따라 나선 광야 생활인데, 상처와 아픔의 연속이었습니다.

기근으로 고생하던 어느 날, 가족들이 애굽으로 피신했을 때였습니다. 남편 아브람은 예쁜 아내 때문에 자신이 다칠까 두려워 아내를 '누이'로 부르며 피할 궁리만 했지요(창 12:13). 하마터면 애굽에 갇힐 뻔했고, 그동안 쌓아온 남편에 대한 신뢰도 무너져 내렸습니다.

특히 그녀의 몸종 하갈로 인해 부부의 위기는 극에 달했습니다. 자신이 남편에게 내준 하갈이 임신을 하고 돌변한 겁니다(창 16:4-5). 너무나 실망한 나머지 그 좌절감은 남편을 향한 증오심으로 변했지요. 하갈의 멸시로 인해 그녀의 눈물의 날은 지속되었습니다. 그런데 이때, 사래는 하나님으로부터 예기치 못한 말씀을 듣습니다. 자신의 이름을 '사래'에서 '사라'로 바꾸시며 '민족의 어머니'로 부르신 것입니다. 아이 하나 없는 자신을 '어머니'라고 부르는 것이 부끄러웠지만, 기분이 그리 나쁘지는 않았을 것입니다.

> [15]하나님이 또 아브라함에게 이르시되 네 아내 사래는 이름을 사래라 하지 말고 사라라 하라 [16]내가 그에게 복을 주어 그가 네게 아들을 낳아 주게 하며 내가 그에게 복을 주어 그를 여러 민족의 어머니가 되게 하리니 민족의 여러 왕이 그에게서 나리라 _창 17:15-16

절망의 한가운데에서 사라는 하나님으로부터 민족의 어머니가 될 것이라는 말씀으로 위로를 받습니다. 도저히 믿기 힘든, 자신의 몸을 통해 아들을 주시겠다는 꿈만 같은 말씀도 들었습니다. 그런데 노쇠한 몸을 바라보니 쓰라린 웃음이 절로 나왔습니다. 여자로서 임신할 수 있는 모든 기능이 끝난 지 오래였으니 당연한 반응입니다. 하지만 다음해(창 17:21)에 기적 같은 일이 일어납니다. 꿈과 같은 하나님의 약속의 말씀이 현실이 된 것입니다(창 21:2).

> 사라가 이르되 하나님이 나를 웃게 하시니 듣는 자가 다 나와 함께 웃으리로다 _창 21:6

얼마 만에 찾아온 기쁨입니까. 사라에게 웃음이 찾아왔습니다. 고통이 뒤바뀌어 간증의 웃음이 되었습니다. 응답을 받지 못하던 평생의 아픔이, 하나님께 축복을 받을 통로가 된 것입니다. 그동안 눈물로 밤을 지새며 슬퍼했던 세월은 온데간데없이 사라졌습니다.

> 예수께서 이르시되 할 수 있거든이 무슨 말이냐 믿는 자에게는 능히 하지 못할 일이 없느니라 하시니 _막 9:23

오늘도 사라의 주님은 오랜 시간 고통 속에 거한 모든 이를 안타까워하시며 그들을 안아 주십니다. 마치 사라를 안아 주시고 불임을 치유하여 새 웃음을 선물하신 것처럼, 우리에게도 가장 좋은 것을 예비하십니다.

다만 우리는 무(無)에서 유(有)를 창조하시며, 회복과 사랑과 치유의 역사를 계획하시는 주님을 전적으로 믿어야 합니다. 주님의 사랑을 힘입어 우리네 가정 모두 영혼의 웃음이 회복될 수 있기를 기대합니다.

† 말씀 배경

'사라'는 '왕비'라는 뜻으로 옛 이름 '사래'의 방언적 변형(a dialectal variant: HaperCollins)이다. 하나님께서 평범한 여인을 '왕비, 열국의 어머니'로 바꾸신 것이다(창 17:15).

사라는 아브라함의 수많은 실수와 두려움 앞에서 담대히 인내하였다. 그녀는 90세에 아들 이삭을 낳았는데(아브라함 100세), 이삭은 사라와 아브라함의 믿음을 통해 주신 하나님의 선물이었다(히 11:11).

† 골방 일기

1. 오늘 하나님께 맡기고 싶은 절박한 기도의 제목은 무엇인가요?

_____

_____

_____

2. 하나님께서 그분의 뜻대로 이루실 것을 신뢰하나요?

_____

_____

_____

#28
모리아 산에서
-이삭

초등학교 시절 부모님을 따라 개척 교회를 섬길 때였습니다. 하루는 아파트 전도를 하다가, 다리가 너무 아파 어머니에게 떼를 썼습니다. 꼭 이렇게 해야 하냐고 투정부리다가 아예 복도에 주저앉았습니다. 철없던 어린 시절, 제게 부모님의 열심은 늘 부담스런 짐이었습니다.

오랜 시간이 지나고서 그 기억들은 하나둘씩 은혜의 발자취로 변했습니다. 내 작은 손을 붙잡으셨던 부모님의 손은, 주님께서 저를 여기까지 인도하신 은혜의 손이었습니다. 사랑 가득한 십자가의 손은 단단히 저를 붙잡고 놓지 않으셨습니다. 이삭의 이야기를 보니 아버지를 따라 믿음의 길을 걸어갈 수 있었던 그때의 기억이 새롭습니다.

아브라함의 아들 이삭, 그는 일평생을 큰 굴곡 없이 살았습니다. 어린 시절부터 부모님의 말씀을 순순히 따랐고, 큰 말썽을 피우지도 않았습니다. 제물이 될 뻔했을 때도 이상할 정도로 아버지께 순종했지요.

이삭은 리브가와 결혼하여 두 아들을 두었는데, 이들은 태어날 때부터 심상치 않았습니다. 야곱은 형 에서의 발을 잡고 태어났지요. 자라면서도 마찬가지였습니다. 에서와 야곱의 성향은 정반대였고 각각 단점이 있었습니다. 에서는 부모에게 결정적인 순종을 하지 않아 근심이 되었고(창 26:35), 야곱은 거짓말을 잘하는 성격이었습니다.

둘째는 얼마나 야비했는지 첫째와 많이 비교되었습니다(창 25:34). 그런데 이번 일은 그 어떤 일과도 비교할 수 없습니다. 야곱이 아버지와 형을 속인 것입니다. 이삭은 그만 야곱의 꾀에 넘어가 그를 첫째 에서로 착각하고 축복기도를 했습니다.

> 이삭이 심히 크게 떨며 이르되 그러면 사냥한 고기를 내게 가져온 자가 누구냐 네가 오기 전에 내가 다 먹고 그를 위하여 축복하였은즉 그가 반드시 복을 받을 것이니라 _창 27:33

이삭과 에서를 면밀히 살피던 리브가 역시 불안감에 휩싸였습니다. 큰아들 에서가 예전에 장자의 명분을 경솔히 여겼던 것처럼 이번 일도 대수롭지 않게 넘길 줄로만 알았는데, 그 분노가 통제할 수 없을 정도로 극에 치달은 것입니다(창 27:42).

결국 리브가는 야곱을 피신시키기로 결정합니다(창 27:44). 남편 이삭도 설득합니다. 리브가는 눈물을 훔치며, 야곱에게 축복하는 이삭의 마지막 기도를 듣습니다.

> ³전능하신 하나님이 네게 복을 주시어 네가 생육하고 번성하게 하여 네가 여러 족속을 이루게 하시고 ⁴아브라함에게 허락하신 복을 네게 주시되 너와 너와 함께 네 자손에게도 주사 … _창 28:3-4a

야곱을 떠나보내는 이삭은 아쉬움이 가득합니다. 타지의 험난한 생활을 하게 될 야곱의 뒷모습을 지켜보니 만감이 교차합니다(창 28:5). 오래전 모리아 산을 향해 걸어가던 그때, 아버지 아브라함의 손에 이끌려 걸어가던 광야길이 눈앞에 아른거립니다.

이삭은 그날을 잊을 수 없습니다. 아버지와 함께 나란히 걸으며 나눈 대화를 말입니다(창 22:8).

"아버지, 번제할 어린양은 어디에 있습니까?"

"하나님께서 친히 준비하실 것이다."

아버지 손에 이끌려 산에 올랐습니다. 이삭은 번제 제물이 바로 자기 자신이라는 것을 직감했지요. 번제단에 오르기까지 아버지의 손을 꼭 잡았습니다. 아주 꼬옥. 그런데 그 손은 그를 붙잡아주셨던 주님의 손이었습니다(창 22:9). 지금까지 생명을 주신 은혜의 손, 복에 복을 더하시려는 사랑의 손이었습니다. 이삭은 아버지 손에 묶여 제단 위에 결박될 때 모든 생각을 주님께 드렸지요.

아브라함이 눈을 들어 살펴본즉 한 숫양이 뒤에 있는데 뿔이 수풀에 걸려 있는지라 아브라함이 가서 그 숫양을 가져다가 아들을 대신하여 번제로 드렸더라 _창 22:13

가장 잊을 수 없는 기억은, 하나님이 예비하신 숫양입니다. 주님은 지금까지 항상 예비하시는 분이었습니다. 이삭은 그런 주님을 떠올리며 야곱을 떠나보내고 있습니다(창 28:5). 더 좋은 길을 하나님이 예비하셨으리라 믿으며, 야곱의 뒷모습을 바라보고 있습니다.

이는 하나님이 우리를 위하여 더 좋은 것을 예비하셨은즉 … _히 11:40a

이삭을 붙잡아 주신 주님의 손이 오늘 우리의 손을 꼭 붙잡으십니다. '숫양'을 예비하신 하나님은 우리의 앞길 또한 예비하시며 절대 손을 놓지 않으십니다. 사랑이 많으신 십자가의 주님은, 오늘도 우리에게 가장 좋은 길로 인도하십니다. 시험 중에서도, 어떤 환경에서도, 주님은 한결같이 우리를 보호하십니다.

† 말씀 배경

이삭은 아브라함이 100세에 사라에게서 낳은 아들인데, 이름의 뜻은 "그가 웃었다"이다. 이삭의 아내는 리브가였고, 그들은 20년 동안 아이가 없었다. 하나님께서는 이삭이 60세가 되던 해에, 쌍둥이 야곱과 에서를 주셨다(창 25:26).

이삭은 부유하였고 야곱보다 큰아들 에서를 극진히 사랑했다(창 25:28). 이삭은 성경에서 '약속의 자녀'로서 등장하고(갈 4:28), 하나님께서는 이삭을 통해 아브라함에게 허락하신 약속을 계속 이어가셨다.

† 골방 일기

1. 위기와 어려움 속에서 피할 길을 여시고 예비하시는 하나님을 깊이 묵상해 봅시다.

_____

_____

_____

2. 지금까지 인도하신 하나님께서, 앞으로 내 길을 예비하실 것을 온전히 신뢰하나요?

_____

_____

_____

#29
오직 한 길
- 여호수아

가끔 생활하다 보면 깜빡 잊는 경우가 있습니다. 바지 뒷주머니에 둔 핸드폰을 찾아 한참을 헤맨 적도 있습니다. 아내도 마찬가지입니다.

"여보, 큰일이에요. 부엌에 가스 불을 켜놓고 나온 것 같아요."

차를 타고 나온 지 꽤 지났지만, 가스를 켜놓은 것 같다는 아내의 말에 불이라도 날까 부랴부랴 집으로 방향을 돌렸는데, 가스불이 얌전히 꺼져 있어 안도의 숨을 내쉬던 기억이 납니다.

문득 이런 건망증이 있다면 절대 안 되는, 중요 임무를 맡은 성경의 사람이 기억납니다. 적들의 코앞에서 어리숙하게 했다가는 정말큰 코 다칠 수도 있었던 여호수아입니다. 그는 가나안을 정탐하던 때부터, 그만의 각별하고 충실한 면모로 하나님께 주목을 받은 인물입니다.

모세의 뒤를 이을 정도라면, 지도자로서 어느 정도의 자질을 지녔을지 짐작이 갑니다. 그러나 아무리 진취적이고 강한 마음을 가진 지도자였다고 할지라도, 여리고와의 전쟁을 눈앞에 두고 산더미처럼 밀려오는 긴장을 어찌할 수 없었을 것입니다.

> 그때에 여호와께서 여호수아에게 이르시되 너는 부싯돌로 칼을 만들어 이스라엘 자손들에게 다시 할례를 행하라 하시매 _수 5:2

멋지고 근사한 하나님만의 전략을 기대하고 있던 여호수아는, 난데없는 할례의 명령에 어리둥절합니다. 이럴 시간이 어디 있냐고, 도대체 지금 뭐하라시는 거냐며 지극히 현실적이고 상식적인 생각들이 그의 마음 한구석을 세차게 흔들었겠지요.

> 1분 1초를 끌어 모아 군사의 사기를 북돋아야 할 시간에 오히려 병사들을 앓아눕게 만들 할례라니요. 전쟁 다 치르고 해도 늦지 않아요. 승리한 후 하라시면 그때는 말씀을 따르겠지만 이런 명령은 좀 아니라고 생각합니다. 하나님 우리 편 맞으십니까? 뭔가 한참 착각하신 것 같아요.

이런 대답을 쏟아 내고 싶은 마음이 여호수아에게 없었을까요? 그러나 그는 자신의 판단을 내려놓고, 도무지 납득이 되지 않는 하나님의 명령을 따르게 됩니다(수 5:3). 그러기까지 불쑥불쑥 올라오는 자신의 불신앙과 격하게 다투어야 했겠지요.

할례를 행한 이후의 지시는 더더욱 납득하기 어려웠습니다. 모든 군사가 여리고 성 주위를 매일 한 번씩 엿새 동안 돌라니요(수 6:3). 무슨 바보 놀이도 아니고 말이지요. 그 이후에 하실 일을 자세히 말씀이라도 해주시면 그나마 견디기 쉬웠을지 모릅니다. 적어도 지도자인 자신에게는 가르쳐 주실 수 있는 것 아닌가 하는 내심 서운한 마음이 들었을지도 모를 일입니다.

> 여호수아가 백성에게 명령하여 이르되 너희는 외치지 말며 너희 음성을 들리게 하지 말며 너희 입에서 아무 말도 내지 말라 그리하다가 내가 너희에게 명령하여 외치라 하는 날에 외칠지니라_수 6:10

의구심이 드는 모든 마음을 애써 접고, 여호수아는 하나님의 명령을 백성이 그대로 행하도록 합니다(수 6:9). 침묵하며 걷고 또 걷기만 하는 6일은 끝나지 않을 것 같은 시간이었습니다. 드디어 7일째 되는 날, 참아왔던 소리를 굵게 터뜨렸고, 믿을 수 없는 위대한 승리가 눈앞에서 펼쳐졌습니다. 그 견고한 여리고 성이 어이없이 무너져 내린 것입니다(수 6:20).

우리는 눈앞의 상황을 가늠하기에 늘 급급하지만, 하나님께 중요한 것은 순종으로 일구어 내는 정결함입니다. 하나님의 명령을 신뢰하며 지킬 때, 그것이 곧 나를 지킬 무기가 되어 줍니다.

이르시되 너희 믿음이 작은 까닭이니라 진실로 너희에게 이르노니 만일 너희에게 믿음이 겨자씨 한 알 만큼만 있어도 이 산을 명하여 여기서 저기로 옮겨지라 하면 옮겨질 것이요 또 너희가 못할 것이 없으리라 _마 17:20

살다 보면 내 생각과 기준 때문에 하나님의 방법을 받아들이기 쉽지 않을 때가 있습니다. 예측할 수 없는 앞날을 언제나 불안해하는 인간의 나약한 본성이, 어쩌면 하나님의 명령을 더 무모한 것으로 여기도록 부추기지 않나 싶습니다.

하나님의 말씀이라면 앞뒤 계산하지 않고 행할 수 있는 손과 발. 오늘 여호수아와 같은 믿음의 움직임이 있기를 소원합니다. 믿음으로 순종하는 것은 손해 보는 일이 아닙니다. 오히려 하나님이 일하시도록 돕는 아름다운 능력이 될 것입니다.

† 말씀 배경

모세의 후계자 여호수아는 "여호와께서 구원하신다"라는 뜻이다. 눈의 아들 여호수아는 회막 관리를 도왔으며 가나안 열두 정탐꾼 중의 하나였다. 여호수아가 정복한 가나안은 B.C. 3200년경 도시가 유입되면서 발전한 곳이다. 가나안은 폭풍과 비의 신 바알, 곡물의 신 다곤, 천둥 신 하닷, 아세라 신을 섬겼고, 종교 의식으로 매춘이 성행했다고 한다. 하나님께서 이스라엘에게 가나안 땅을 허락하신 이유는 언약의 성취와(창 26:3; 출 3:8), 가나안의 악함(심판) 때문이었다(신 9:4).

† 골방 일기

1. 내 삶 모든 영역의 진정한 주인은 하나님인가요, 아니면 내 자아인가요?

_____

_____

_____

2. 하나님의 방법을 100% 신뢰하나요? 이해할 수 없었던 환경에서도 믿고 순종하여 주님의 역사를 경험했던 일이 있다면 고백해 봅시다.

_____

_____

_____

30

의심에서 확신으로

-기드온

제 어릴 적 별명은 둥근 크림빵입니다. 꿈보다 해몽이라고 제 얼굴이 보름달처럼 환해 보여 그런 것이라며 그럴싸한 해석으로 위로했지요. 너무 크고 둥글넓적한 얼굴을 거울로 보기 난감할 때도 있었습니다. 사춘기 시절엔 꽤나 스트레스가 되었지요. 그런데 아내는 저보고 잘생겼다고만 합니다.

그런데도 여전히 거울을 볼 때마다 그 옛날의 별명이 떠오르는 것을 보면서, 고달팠던 옛 경험이 우리의 소중한 자존감을 끈질기게 흔들고 있지는 않은지 생각하게 됩니다.

어느 날 하나님으로부터 '용감한 용사'로 불린 사사 기드온. 그는 자신을 못난 사람으로 규정짓는 버릇이 있었습니다. 어쩌면 친구들이 놀렸을지도 모르지요. 자신의 집안이 초라하니까 그런 대우를 받는 것이라고 여긴 세월도 오래되었을 것입니다.

한 발자국도 내디딜 수 없도록 그를 무겁게 짓누르는 것은 그의 집안만큼이나 약해지고 낮아진 자존감이었습니다. 열등감에 휩싸여 아무것도 할 수 없던 애처로운 그에게 주님께서 다가오십니다.

> ¹²여호와의 사자가 기드온에게 나타나 이르되 큰 용사여 여호와께서 너와 함께 계시도다 하매 ¹³기드온이 그에게 대답하되 오 나의 주여 여호와께서 우리와 함께 계시면 어찌하여 이 모든 일이 우리에게 일어났나이까… _삿 6:12-13a

기드온은 '큰 용사'라는 호칭이 어색하기만 합니다. 함께하겠다는 말도, 힘을 주겠다는 말도 확신하기에는 망설여집니다. 자신의 가치를 늘 하찮게 여기던 그에게, 얼마나 낯선 말인지 모릅니다.

지금까지 인도하신 하나님을 확신했더라면 상황이 나쁘더라도 앞으로의 길을 예비하실 것이라는 믿음으로 버틸 수 있을 텐데, 그는 그런 그릇으로 살아오지 않았습니다. 누군가의 날카로운 시선에 늘 방어 자세를 가져 온 탓입니다. 수많은 이적을 베풀던 하나님의 능력은 고장이라도 난 것이냐며 따져 묻습니다. 이스라엘을 구하기 위해 너를 보낸다는 말씀에 "나의 집은 므낫세 중에 극히 약하고 나는 내 아버지 집에서 가장 작은 자"라고, 자기가 무엇을 할 수 있겠냐고 대답합니다(삿 6:15).

아무래도 답이 없을 듯한 답답한 대화이지만, 주님은 멈추지 않고 거듭 말씀하십니다. 기드온이 보여 달라는 증거를 보여 주시며 그에게 흔들리지 않을 굳건한 믿음을 선물하시지요.

하나님과 주고받는 대화 속에서 점차 기드온은 영적 균형을 회복하기 시작했습니다. 하나님과의 깊은 만남 가운데 의심이 확신으로 바뀌었고, 패배감도 긍정적인 다짐으로 새로워졌습니다. 자신을 늘 초라하게 여기던 애석한 '자아'가 하나님 안에서 무엇이든 할 수 있는 '믿음'으로 바뀌었습니다.

낮은 자존감으로 괴로워했던 기드온. 그는 하나님의 역사는 결코 환경과 조건, 인간적인 기준과 힘에서 오는 것이 아님을 깊이 깨달았습니다. 그리고 약함을 강함으로 승화시켰던 그의 영적 도약은 한 세대를 이끌게 되었지요.

> 그리스도께서 약하심으로 십자가에 못 박히셨으나 하나님의 능력으로 살아 계시니 우리도 그 안에서 약하나 너희에게 대하여 하나님의 능력으로 그와 함께 살리라_고후 13:4

낮은 자존감, 열악한 가정 환경, 버림받은 아픔, 한없이 초라하게 만드는 모든 상황들…. 이것들은 오히려 하나님의 능력을 나타내는 은혜의 통로가 됩니다. 도저히 아무것도 할 수 없을 것만 같은 상황일 때, 쓰러져 가는 우리의 자아를 주님은 일으키시고 치료하셔서 축복의 도구로 사용하십니다.

²⁷그러나 하나님께서 세상의 미련한 것들을 택하사 지혜 있는 자들을 부끄럽게 하려 하시고 세상의 약한 것들을 택하사 강한 것들을 부끄럽게 하려 하시며 ²⁸하나님께서 세상의 천한 것들과 멸시받는 것들과 없는 것들을 택하사 있는 것들을 폐하려 하시나니 ²⁹이는 아무 육체도 하나님 앞에서 자랑하지 못하게 하려 하심이라 _고전 1:27-29

고통스럽고 수치스런 환경에서 기드온을 강한 용사로 만들어 가신 하나님, 약한 자를 부르시어 강한 자를 부끄럽게 하시는 하나님이 우리를 부르십니다. 그분의 힘과 능력과 회복을 우리에게 부어 주시면서요. 우리의 남은 삶도, 강하게 하시는 아버지의 은혜와 능력으로 살아갈 수 있기를 기도합니다.

✝ 말씀 배경

사사는 '통치하다'라는 뜻으로, 이스라엘 왕정 이전의 지파 연맹체 시대에 민족을 구원했던 지도자들을 일컫는다. 사사는 재판권을 행사하기도 했지만, 대부분의 재판은 족장과 장로들이 행했다. 사사 시대는 이스라엘의 왕이신 하나님을 왕으로 모시지 않은 영적인 암흑기로 분쟁이 잦았다.

기드온은 이스라엘의 다섯 번째 사사로(B.C. 1200), '나무를 자르는 사람'이라는 뜻이다. 그는 하나님 앞에서 악을 행하던 백성을 구원하기 위해 부름받았고(삿 6:1), 7년 동안 미디안의 압제 아래에 있던 이스라엘을 구원했다(삿 7:24).

✝ 골방 일기

1. 나의 낮은 자존감은 어떻게 표현되나요?

_____

_____

_____

2. 약점과 상처를 사명으로 만드시는 하나님은, 나의 약함을 어떻게 사용하시나요?

_____

_____

_____

#31
갈멜 산의 추억
-엘리야1

교회 사무실에서 성경을 보는데 돌이 날아와 유리창을 깨뜨렸습니다. 지역 히스패닉(스페인어를 쓰는 중남미계 미국 이주민과 그 후손. 주로 미국 내 멕시코인) 청소년의 장난이었습니다. 다행히 커튼이 있어 피해가 적었지만, 이후로도 이런 일이 종종 발생했습니다.

어떻게 하면 좋을지 기도하는 중에 지역 히스패닉 아이들을 적극적으로 섬겨야겠다는 생각이 들었습니다. 일부러 선교 여행도 가는데 가까운 곳에서 왜 못할까 하는 생각이 들었지요. 그런 뒤 교회 중직들과 지역을 섬기기 위한 의견을 교환했습니다. 그런데 안타깝게도 반응이 냉담했습니다. 아픈 경험이 있었는지, 어떤 분은 그들을 모두 도둑으로 봐야 한다고 하셨지요.

그러나 주님도 그들을 그렇게 보실지는 의문이었습니다. 다행히 교회에서 그들을 섬길 기회를 찾게 되었고 바자회와 어린이를 위한 다양한 교육을 시도했습니다. 그렇게 얼마 지나지 않아 놀랍게도 유리창 깨지는 일이 사라졌습니다. 교우들의 선교적인 마음도 점차 자라났습니다. 분명히 주님이 기뻐하시는 일임을 느낄 수 있었지요.

엘리야는 하나님이 기뻐하시는 일을 위해 갈멜 산에 올랐습니다. 머뭇거리며 모여드는 백성의 표정은 냉랭했습니다. 백성 중에 상당수는 오늘이 엘리야의 초상날이 될 거라고 생각했지요. 사람들의 시선은 엘리야와 바알, 아세라의 선지자 수백 명에게 쏠렸습니다(왕상 18:19-21).

바알 선지자들은 큰 소리로 몸에 상처를 내며 신을 불렀지만 아무런 반응이 없었습니다. 또다시 힘과 뜻을 모아 사력을 다해 바알을 불렀지만 그들이 믿었던 '신'은 꿈쩍도 하지 않았습니다.

> 26그들이 받은 송아지를 가져다가 잡고 아침부터 낮까지 바알의 이름을 불러 이르되 바알이여 우리에게 응답하소서 하나 아무 소리도 없고 아무 응답하는 자도 없으므로 그들이 그 쌓은 제단 주위에서 뛰놀더라 28이에 그들이 큰 소리로 부르고 그들의 규례를 따라 피가 흐르기까지 칼과 창으로 그들의 몸을 상하게 하더라 _왕상 18:26, 28

이어 엘리야가 홀로 등장하였습니다. 엘리야는 열두 개의 돌을 취하여 제단을 쌓은 뒤 주변에 도랑을 만들었습니다. 제단에 나무를 쌓은 후에 송아지의 각을 떠서 나무 위에 놓았습니다. 번제물과 나무 위에 물을 세 번 부었지요(왕상 18:32-35). 그리고 엘리야는 하나님을 높이며 하나님의 말씀대로 모든 일이 이루어지기를 구하였습니다. 엘리야는 하나님 한 분만을 구했습니다(왕상 18:27). 그러자 하나님의 불이 내려와 번제물과 도랑물을 집어삼켰습니다. 하나님이 엘리야의 기도에 즉시 응답하신 것입니다.

> [36]… 주께서 이스라엘 중에서 하나님이신 것과 내가 주의 종인 것과 내가 주의 말씀대로 이 모든 일을 행하는 것을 오늘 알게 하옵소서 [37]여호와여 내게 응답하옵소서 내게 응답하옵소서 이 백성에게 주 여호와는 하나님이신 것과 주는 그들의 마음을 되돌이키심을 알게 하옵소서 하매 [38]이에 여호와의 불이 내려서 번제물과 나무와 돌과 흙을 태우고 또 도랑의 물을 핥은지라_왕상 18:36-38

응답을 받는 기도는 하나님의 마음에 합한 기도입니다. 엘리야가 드린 기도는 하나님의 뜻에 합당했습니다. 하나님은 엘리야가 드린 기도에 응답하셔서 그분의 영광을 나타내셨습니다(왕상 18:38-39). 엘리야가 주님께 드린 기도는 사람의 생각을 뛰어넘는 간구였습니다. 주님께 모든 것을 맡기며 구했을 때, 주님은 친히 그분의 역사를 이루셨고 영광을 온 천하에 드러내셨습니다(왕상 18:39).

엘리야의 기도는 하나님의 뜻이 땅에서 이루어지기를 원하는 간구였습니다(마 6:10). 하나님의 역사를 전적으로 믿는 믿음의 기도였지요.

하나님은 오늘도 우리의 중심을 아시며 믿음의 간구를 듣고 계십니다. 영적으로 무너져 버린 세상 한가운데에서 우리가 온전한 믿음과 기도를 드리는지 지켜보십니다. 이제 주님 앞에 이 믿음의 기도가 올려지기를 소망합니다. 믿음의 기도는 불가능을 가능으로 옮기는, 하나님의 역사를 이 땅에 이루는 기도입니다.

때로는 커다란 장애물이 있을지라도, 온전한 기도만이 하나님의 뜻을 이루는 통로가 됩니다. 언제나 우리의 마음과 뜻과 정성을 다하여 드리는 간구가, 하나님 뜻 안에서 이루어지기를 기도합니다.

† 말씀 배경

엘리야는 "나의 하나님은 여호와이시다"라는 뜻이다. 그는 아합 왕 시대에 활동했던 북 이스라엘의 선지자였다. 아합과 그의 아내 이세벨은 이스라엘 역사상 가장 악한 왕으로 평가받는데, 그들은 22년 동안 바알과 아세라 신을 섬겼다. 바알은 집, 가축, 재물, 성읍 등을 의미하는데, 바알 신은 비, 우레, 풍요의 신 등 다양한 성격을 포함하고 있다(W. F. Albright)

갈멜은 '과수원'이라는 뜻이다. 갈멜 산에서 450명의 바알과 아세라 제사장들은 하늘에서 불을 끌어내기 위해 주술적인 행동을 취했지만 아무런 응답이 없었다. 하나님께서는 자신의 이익을 위해 드리는 예배를 기뻐하지 않으신다. 온전한 예배란 하나님을 경배하는 것이다.

† 골방 일기

1. 엘리야처럼 광야의 시간을 겪을 때 나타나는 나의 약점은 무엇인가요?

_____

_____

2. 예배를 드리는 동기와 목적은 무엇인가요? 나는 하나님이 기뻐하시는 뜻에 나의 삶을 드리는 예배자인가요?

_____

_____

_____

#32
로뎀 나무에서 하늘까지
-엘리야2

🍃 혹시 모든 것을 포기하고 싶은 적이 있었나
요? 오래 전 군대에서 차라리 죽는 편이 낫겠다고 자포자기한 적이 있
었습니다. 백마부대에서의 군 생활은 너무나 힘든 시간이었습니다.

일병일 때 보초를 서기 위해 나갔는데, 구타를 심하게 하는 선임병
이 수시간 동안 모욕을 주었습니다. 가끔씩 찾아오는 크고 작은 구타
는 견딜 만했는데, 가족을 욕하며 저주하는 말을 할 때는 정말 견디기
힘들더군요. 군에서 자살하는 병사의 심정이 이해될 정도였습니다.
그래도 그 혹독하고 다시는 경험하고 싶지 않던 순간들을, 주변의 격
려와 매주 드린 예배를 통해 이겨 낼 수 있었습니다.

로뎀 나무 아래에 있던 엘리야의 심정이 바로 이와 같지 않았을까

요? 그는 하나님의 일을 하면 할수록 찾아오는 중압감으로 견디기 힘들었습니다. 믿음으로 버텨낼 때도 있었지만 아합 왕과 이세벨 여왕은 도저히 상대하기 힘든 존재처럼 보였지요(왕상 18:22).

목숨이 위험천만한 상황이 계속되면서 쌓여가는 두려움으로 인해 엘리야의 영적 균형이 무너져 내렸습니다. 도미노처럼 이어지는 그 무너짐의 파장은 공허한 마음까지 몰고와 급기야 심한 우울증을 앓게 되었지요.

> [4]… 한 로뎀 나무 아래에 앉아서 자기가 죽기를 원하여 이르되 여호와여 넉넉하오니 지금 내 생명을 거두시옵소서 나는 내 조상들보다 낫지 못하니이다 하고 [5]로뎀 나무 아래에 누워 자더니 천사가 그를 어루만지며 그에게 이르되 일어나서 먹으라 하는지라 _왕상 19:4-5

로뎀 나무에 앉아 있는 엘리야는, 전부 포기하고 싶은 심정입니다. 이대로 모두 끝내고 싶습니다. 그런 엘리야를 주님은 다그치며 훈계하지 않으셨지요. 상한 마음을 어루만지며 당장 급한 필요를 하나씩 채우셨으니까요(왕상 19:5).

그 엘리야에게 가장 필요했던 건 무엇이었을까요? 하나님의 임재하심이었습니다. 하나님과의 교제가 절실했던 겁니다. 사역의 전성기에 찾아온 좌절감과 허무함 앞에서 그에게 절대적으로 필요했던 것은 '하나님의 위로'이자 '사랑의 교제'였습니다.

엘리야의 영적 현주소를 아시는 주님께서, 그를 신속하게 호렙으로 옮기셨지요. 호렙의 동굴에서 세미한 음성으로 다가가 그를 어루만지 셨습니다. 그의 경직된 심령은 도저히 회복될 기미를 보이지 않았지 만, 얼음장처럼 닫힌 마음이 점차 녹기 시작했습니다(왕상 19:11-18).

여전히 피하고 싶은 엘리야에게 하나님은 가장 친밀하고 편안하게 다가오셨습니다. 마치 속삭이듯이 엘리야의 귀에 사랑의 격려를 해 주셨으니까요. 그렇게 주의 임재를 경험한 엘리야는 결코 혼자가 아 니었음을 알게 됩니다.

> 내가 이스라엘 가운데에 칠천 명을 남기리니 다 바알에게 무릎을 꿇지
> 아니하고 다 바알에게 입맞추지 아니한 자니라_왕상 19:18

이후로 엘리야는 엘리사와 동역하며 제2의 전성기를 맞게 됩니다. 준비된 하나님 사람들 7,000명도 발견하였고, 이들은 엘리야와 민족 의 든든한 기도 후원자가 되었습니다.

회복된 엘리야는 꼭꼭 숨어 있던 동굴에서 나와 세상을 향해 발을 내 딛습니다. 다시금 영적 발돋움을 한 엘리야는 땅끝까지 말씀을 전하는 사명자가 되었지요. 이후로는 무슨 일이 맡겨져도 지체 없이 순종했으 니까요. 훗날 그를 통해 강퍅한 아합도 변화되었고(왕상 21:27), 아하시 야 왕은 그가 담대히 선포하는 생명의 말씀을 들었습니다(왕하 1:4).

> 우리는 이 일에 증인이요 하나님이 자기에게 순종하는 사람들에게 주
> 신 성령도 그러하니라 하더라_행 5:32

오늘도 주님은 로뎀 나무 밑에 지쳐 쓰러진 우리를 격려하시고 주님의 임재 안에 머물기를 기대하십니다. 불병거를 타고 하나님 나라에 이르기까지 사명을 감당했던 엘리야처럼, 우리도 사명의 발돋움을 하기 원하시지요. 하나님 사랑을 힘입어, 우리의 삶에 사명의 전성기가 다시금 시작되기를 소망합니다.

† 말씀 배경

로뎀 나무는 팔레스타인과 이집트 등지의 사막에서 볼 수 있는 과목의 일종이다. 잔가지가 많아 광야에서 그늘을 제공한다. 극심한 기근을 겪을 때에는 그 뿌리를 먹기도 한다. 살구꽃 향기가 나는 로뎀 나무는 불을 오래 간직하는 좋은 연료이기도 하다.

엘리야가 활동하던 북 이스라엘은 아합 왕 이후에 격변기를 맞이해 아하시야 왕이 아합 왕을 대신하여 즉위하지만 결국 하나님의 심판을 피하지 못했다.

† 골방 일기

1. 내 삶에서 로뎀 나무의 시기는 언제였나요?

_____

_____

_____

2. 그때 역사하셨던 하나님의 은혜는 무엇이었는지 고백해 봅시다.

_____

_____

_____

#33
오직 믿음으로
- 히스기야1

🍃 댈러스 남감리교대학교 신학대학원에 지원했
는데 몇 달이 지나도 아무런 연락이 없어 학교 입학 담당관을 찾아갔
습니다. 입학 담당관은 종교(R) 비자를 가진 이는 학교의 정식 과정에
입학할 수 없다며, 학생(F1) 비자로 바꾼 후에 지원하라고 잘라 말했
습니다.

집에 돌아 온 후 연방 정부 홈페이지에서 수백 여 장에 달하는 종교
(R) 비자 지침서를 찾았습니다. 종교 비자를 가진 이도 공부할 수 있
다는 항목을 찾아내어, 다시 증빙 서류를 첨부해 입학 사무실에 제출
했지요. 몇 번을 다시 보아도 발견하기 어려울 정도로 방대한 글에 포
함된 단 한 줄이었습니다. 입학 담당관은 매우 곤혹스러워했습니다.

그렇게 포기하지 않고 수십 번을 넘게 학교를 방문하고 요청하여

176

담당관들을 설득했습니다. 결국 입학 2주 전에 합격 통지서를 받았습니다. 간절히 구하였을 때 하나님이 눈을 열어 주셔서 발견한 그 한 줄로 입학하다니, 그 감격은 이루 말할 수 없었습니다.

성경에는 자신의 상황에 굴하지 않고, 믿음으로 일어선 인물이 많이 등장합니다. 히스기야도 그 대표적인 인물입니다. 그의 부모는 자녀들을 불 한가운데로 지나게 할 정도로 우상숭배에 열성적이었습니다. 그렇지만 히스기야는 자신의 환경이나 다른 사람을 탓하지 않았습니다. 부모의 장점은 본받고 단점은 따르지 않았습니다. 그의 내면에 중요한 가치가 심겨 있었기 때문입니다.

히스기야가 품어온 최고의 가치와 우선순위는 하나님이었습니다. 그는 다윗과 같이 하나님 보시기에 정직하게 행하였고, 여러 산당을 제거하고 우상들을 깨뜨렸습니다. 이스라엘 백성은 모세가 만든 놋뱀에 그때까지 분향했는데, 히스기야가 그것을 부수었다고 성경은 전합니다(왕하 18:3-4). 히스기야는 다윗처럼 하나님을 의지하는 삶에 목적을 두었지요(왕하 18:5).

> 그가 여호와께 연합하여 그에게서 떠나지 아니하고 여호와께서 모세에게 명령하신 계명을 지켰더라 _왕하 18:6

히스기야는 신실하게 주님을 섬기기 원했습니다. 그런데 큰 장애물을 만나게 되었습니다. 앗수르의 왕으로 있는 산헤립이 북 이스라엘을 함락시켰는데 그는 곧 남 유다도 공격할 예정이었습니다. 바람에 흔들리는 갈대처럼 백성이 흔들렸습니다. 히스기야는 두려움과 걱정으로 가득한 시간을 보내며, 하나님의 전을 찾아갔지요(왕하 19:1).

히스기야는 선지자 이사야에게 기도를 부탁했고, 어려운 환경이었지만 전적으로 하나님께 매달렸습니다. 계속해서 주님께 구하고 간청하며 매달렸을 때, 주님은 히스기야와 이사야의 기도에 응답하셨습니다. 부르짖어 간구하는 기도를 주님은 들으셨습니다(대하 32:20).

아모스의 아들 이사야가 히스기야에게 보내 이르되 이스라엘 하나님 여호와의 말씀이 네가 앗수르 왕 산헤립 때문에 내게 기도하는 것을 내가 들었노라 하셨나이다 _왕하 19:20

히스기야의 어린 시절은 상처로 얼룩져 있었지만 그는 상처로 인한 상실감에 젖어 있지 않았습니다. 상처에 굴하지 않고 오직 하나님을 의지하며 나아갔지요. 그런 히스기야의 중심을 하나님은 기쁘게 여기셨습니다. 가난한 마음과 겸손하게 드리는 기도의 중심을 주님이 들으신 것입니다(왕하 19:15).

오직 하나님의 은혜로 여기까지 오게 되었다고 고백했을 때 믿음을 주님께서 기뻐하셨습니다. 결국 앗수르 왕이 패배하고 물러났습니다. 히스기야가 승리할 수 있었던 것은 순전히 기도 때문이었지요.

어려운 상황이 아무리 믿음을 뒤흔들어도, 끝까지 주님을 신뢰하는 이들을 하나님께서 기뻐하십니다. 아무리 사정이 어렵고 힘들어도, 기도하며 하나님을 의지하는 한 사람이 다시 가정을 일으켜 세우는 원동력이 됩니다.

> 이에 베드로는 옥에 갇혔고 교회는 그를 위하여 간절히 하나님께 기도하더라_행 12:5

기도는 모든 것을 변화시키는 힘이 있습니다. 가정을 위해서 기도하는 목소리를 주님께서 들으실 것이고, 오직 주의 역사하심을 믿고 기도할 때 하나님의 역사를 보게 될 것입니다. 가정에 있는 과거의 쓴 뿌리는 성령 안에서 더 이상 문제되지 않습니다. 우리가 드리는 기도에는 회복의 힘이 있습니다.

주님은 지금도 살아 계셔서 역사하십니다. 믿음의 기도를 사용하여 역사하시는 놀라운 하나님의 능력을 우리 모두 경험하면 좋겠습니다. 기도하는 한 사람을 통해서 보호하고 돌보시는 하나님의 넉넉한 손길을 모든 가정마다 경험하기를 소망합니다.

†말씀 배경

히스기야는 '여호와는 나의 힘'이라는 뜻이다. 25세에 남 유다의 왕이 된 히스기야는 정치적으로 친애굽 성향이었다. 당시의 주변 정세는 앗수르가 북 이스라엘을 멸망시키는 변화무쌍한 때였다. 이때 히스기야는 앗수르 왕이 물을 얻지 못하도록 거대한 터널 공사를 했다(대하 32:2-5).

앗수르 왕 산헤립은 유다를 위협하고 성읍들을 빼앗았지만(사 36:1-3), 하나님께서는 이사야에게 "그를 두려워하지 마라. 그가 고국에서 죽을 것이라" 하고 예언하셨다. 앗수르의 십팔만 오천 명의 군인이 하루아침에 죽었고(사 37:36), 결국 산헤립은 아들들에게 살해당했다(삼하 7:24).

†골방 일기

1. 내 가정에 있었던 아픔들은 무엇인가요?

_____

_____

_____

2. 아픔을 딛고 일어서게 하신 하나님의 회복의 손길을 기억하고 고백해 봅시다.

_____

_____

_____

#34
방심은 금물
- 히스기야2

🌿 청년들과 전도하기 위해 댈러스 한인 마트를 찾았습니다. 함께 모여 찬양을 부르고 흩어져 전도지를 나누었지요. 지역 교회의 장로님, 권사님이 반갑게 격려해 주셨습니다. 한참을 전도하는데, 어떤 젊은 부부가 저희에게 다가와 묻더군요.

"어느 교회에서 오셨나요?"

"네, 펠로십교회입니다. 교회는 다니시지요?"

"예, 잘 다닙니다. 그런데 왜 그런 이름도 없는 조그만 교회를 다니시나요? 저희 교회로 오세요. 저희는 댈러스에서 제일 잘 나가는 교회입니다. 작은 교회는 곧 없어져요."

이 말을 듣고는 매우 당황했습니다. 교회도 '우상화'가 되고 어떤 '브랜드'가 될 수 있다는 것을 깨닫고 누군가를 탓할 일이 아니라 바로 저 자신을 돌아보는 시간을 가졌습니다. 이민 목회를 하며 잠깐 방심하거나 교만하면 끝이겠다는 위기감을 느끼며 오직 하나님만을 의지하는 법을 배우고 있습니다(잠 18:12).

히스기야는 이사야를 통해 주시는 말씀, "너는 집을 정리하라. 네가 죽고 살지 못하리라"(왕하 2:1)는 말씀을 듣고 억장이 무너졌습니다. 그렇지만 그는 하나님 앞에 납작 엎드려 전적으로 주님을 의지하며 간구했습니다. 하나님은 히스기야의 기도를 들으셔서 그의 생명을 연장시켜 주셨습니다. 해시계가 십도나 뒤로 물러가는 징표 또한 보여 주셨습니다(왕하 20:11).

병든 몸을 고쳐 주신 일은 히스기야에게 살아 있는 간증이 되었습니다. 그런데 히스기야는 방심하고 맙니다. 바벨론의 사신에게 나라의 국력과 재산을 자랑삼아 보여 주었던 것입니다. 하나님이 주시는 감동을 멀리한 채 그저 자랑하고 싶은 마음대로 하다가, 그만 나라를 통째로 잃어버리게 생겼습니다. 이사야를 통해 주시는 하나님의 말씀에 히스기야는 큰 충격을 받았습니다. 그동안 쌓아온 공로가 송두리째 사라질 위기에 처한 것입니다.

날이 이르리니 왕궁의 모든 것과 왕의 조상들이 오늘까지 쌓아 두었던 것이 바벨론으로 옮긴 바 되고 하나도 남지 아니할 것이요_왕하 20:17b

마음에 하나님을 잃어버리고 교만이 싹트자 엄청난 희생이 뒤따라

왔습니다. 히스기야는 나라를 빼앗긴다는 여호와의 말씀을 듣고 망연자실합니다. 교만한 마음을 낮추시는 하나님 앞에 서게 된 것입니다. 히스기야를 보며 영적인 우월감, 이기심, 교만함은 단 한순간도 용납하지 말아야 한다는 깨달음을 얻습니다. 또한 어떤 자리도 내 공로로 이루어진 것이 아니라, 오직 하나님의 은혜로 된 것임을 고백하게 됩니다.

히스기야가 마음이 교만하여 그 받은 은혜를 보답하지 아니하므로 진노가 그와 유다와 예루살렘에 내리게 되었더니 _대하 32:25

누구나 하는 일이 잘 될수록 하나님을 쉽게 잊어버립니다. 경솔하게 자랑하며 교만한 마음을 꺾지 않고 살아가다가 하나님의 은혜를 망각해 버립니다. 이와 같은 죄는 사람을 넘어뜨리는 가장 심각한 치명타입니다.

히스기야를 넘어지게 만든 교만은 우리 마음과 주변에도 항상 잠재되어 있습니다. 특히 문제가 풀리고 일이 잘 되어갈 때일수록 겸손한 마음이 가장 중요함을 잊지 말아야 합니다. 하나님 앞에서 겸손할 때, 주께서 친히 낮은 자의 기도를 들으시고 가장 선한 길로 인도해 주실 것입니다.

여호와께서는 자기 백성을 기뻐하시며 겸손한 자를 구원으로 아름답게 하심이로다 _시 149:4

오늘도 주님은 당신의 백성을 기뻐하십니다. 겸손하게 주님께 나아가는 이들에게 구원의 주로 오십니다. 하나님의 사랑과 자비는 영원하지만, 겸손히 주님을 높이는 자의 찬양을 기뻐받으시며 그 중심에 은혜를 더하실 것입니다.

늘 깨어 기도하며 겸손하게 주님께 나아가는 사람은 오늘도 성령 안에서 친히 일하고 계시는 하나님을 발견합니다. 영원한 구원의 주님은 겸손한 모든 사람에게 은혜를 베풀어 주십니다. 오늘도 낮은 마음으로 하나님을 경외하는 모든 이에게 주님의 넉넉한 은혜가 있기를 소망합니다.

✝ 말씀 배경

히스기야는 하나님께서 자기의 병을 낫게 하실 징표를 구했다. 이사야는 해 그림자가 십도 뒤로 물러갈 것이라고 했고, 주님은 지구의 자전과 공전에 변화를 일으키셨다. 성경은 하나님이 행하신 일들을 소개하고, 과학은 하나님이 행하신 일들을 하나씩 탐구한다. 과학은 이 세상의 기원과 자연법칙을 따라 명확하게 규정된 부분을 확립해 가고, 하나님의 창조 세계와 가치를 하나씩 발견해 간다. 여기서 그리스도인은 과학을 활용할 수 있겠지만, 과학을 전적으로 의지해서는 안 될 것이다(시 19:1-4).

✝ 골방 일기

1. 어떤 때에 하나님을 자주 잊어버리나요?

_____

_____

_____

2. 하나님의 말씀 안에 거하고 사랑 안에 거하기 위한 실천 방안에는 무엇이 있을까요?

_____

_____

_____

하 나 님 을   소 개 하 는   친 구

part 5

하나님,

기도에
응답하시네

#35
기도의 힘을 깨닫고
- 한나

🍃 아내가 병원에서 불임 판정을 받고 무거운 마음으로 집에 돌아왔을 때입니다.

'어떻게 이런 일이 이제 목회를 시작한 내게 일어난 건가' 생각하며 힘겹게 학교를 다니는데, 하루는 대학원 강의 시간에 교수님께서 이런 말씀을 하셨습니다.

"목회하면 많은 어려움을 겪는데, 이때 소나무 뿌리 하나 뽑지 못하면 목회할 자격이 없습니다."

그만큼 하나님과 씨름하며 기도로 매달려야 한다는 말씀이었습니다. 강의를 듣고 나서, 그날 저녁 가만히 서재에 앉아 창문 밖의 나무들을 둘러보았습니다. 물에 빠진 사람 지푸라기라도 잡아보겠다는 심정으로 다음날 즉시 소나무를 찾아 나섰습니다.

다행히 목회지의 주변은 숲으로 둘러싸여 있었습니다. 뉘엿뉘엿 해가 질 무렵이었는데 소나무를 발견하고는 나무 하나를 꼭 붙잡고 "주여!" 하는 순간, 어이없게 나무가 쑥 뽑혀 버리는 겁니다. 작은 묘목인데다가 비가 내린 후여서 쉽게 뽑힌 것이었습니다. 물론 다시 잘 심어 주었습니다. 그 이후 하나님께서는 제게 세 자녀를 선물로 주셨습니다.

저와는 비교도 할 수 없을 정도로, 불임의 고통으로 신음하는 이들을 간혹 만나게 됩니다. 성경에 등장하는 그 누구보다 불임의 고통으로 오랜 세월 가슴을 깎아야 했던 한나는, 주님 앞에 나갈 때마다 위안을 얻기보다 이대로 영영 답이 없을 것만 같은 두려움에 사로잡혔습니다(삼상 1:6).

그녀가 할 수 있는 일이라고는, 하나님께 참담한 자신의 심정을 그대로 쏟아내고 절망 상태의 자신을 처절한 통곡으로 보여 드리는 일뿐이었습니다(삼상 1:11). 나아가, 아들을 주시면 평생토록 여호와께 드리겠노라 매달리듯 서원하기도 했지요.

> [10]한나가 마음이 괴로워서 여호와께 기도하고 통곡하며 [11]서원하여 이르되 만군의 여호와여 만일 주의 여종의 고통을 돌보시고 나를 기억하사 주의 여종을 잊지 아니하시고 주의 여종에게 아들을 주시면 내가 그의 평생에 그를 여호와께 드리고 삭도를 그의 머리에 대지 아니하겠나이다_삼상 1:10-11

그러던 어느날 한나는 제사장 엘리를 통해 하나님의 약속을 받게 됩니다. 아직 아무것도 변한 건 없는데 그녀 마음에는 평화와 안정이 찾아왔습니다(삼상 1:18). 불안으로 뒤엉켜 있던 한나의 복잡한 마음에 실마리가 잡힌 것입니다. 자신의 불투명한 미래로 씨름했던 우울감이 썰물처럼 사라지고, 거짓말같이 마음 가운데 평안이 밀려왔을 그때, 하나님께서 태의 문을 여셨습니다.

한나는 슬플 때에도 기쁠 때에도 기도하였습니다. 힘들고 고통스러울 때는 깊은 눈물의 기도를 드리고 아이를 가져 뛸 듯이 기쁠 때에도 하나님이 행하신 일들을 찬양하는 기도를 올려드렸습니다. "우리 하나님 같은 반석도 없다"(삼상 2:2).

> 6여호와는 죽이기도 하시고 살리기도 하시며 스올에 내리게도 하시고 거기에서 올리기도 하시는도다 7여호와는 가난하게도 하시고 부하게도 하시며 낮추기도 하시고 높이기도 하시는도다_삼상 2:6-7

응답이 성취된 이후에는 슬그머니 감사가 자취를 감추기도 하는 법인데, 한나는 사무엘을 얻은 후에도 하나님을 향한 마음이 변하지 않았습니다. 서원을 드렸던 이전의 마음은 변치 않아 결국 아이가 어렸을 때부터 성전에서 자라도록 했습니다(삼상 1:24). 훗날 사무엘은 이스라엘의 영적인 지도자가 되지요.

인생의 큰 좌절과 절망적인 상황 속에서 드리는 기도는 간절함이 더 깊습니다. 눈물과 통곡으로 드려지는 갈급함은 하나님의 보좌를

움직이는 힘입니다. 예수님은 간절하게 믿음으로 드리는 기도가 반드시 이루어진다고 약속하셨습니다(막 11:24). 그 약속의 주님을 믿고 기도할 때 그 기도는 반드시 응답될 것입니다.

목마른 사슴이 시냇물을 찾기에 갈급한 것처럼 우리의 영혼이 하나님을 찾을 때, 하나님은 우리를 꼭 만나주십니다. 인생의 수많은 장애물을 넉넉히 이길 수 있는 비결, 한나의 기도에서 발견하시기를 소망합니다.

† 말씀 배경

한나는 '은혜'라는 뜻이다. 그녀의 남편은 엘가나였고, 오랫동안 자녀가 없어서 엘가나의 또 다른 아내 브닌나에게 괴롭힘을 당했다(삼상 1:1-6). 한나는 불임으로 인해 오랜 세월을 고통스러워했다. 그녀는 하나님께 아들을 선물로 주시면 주님께 드리겠노라고 간절히 기도했다(삼상 1:11). 하나님께서는 한나의 기도에 응답하셨고, 사무엘과 세 아들, 두 딸을 더 주셨다.

† 골방 일기

1. 인생에서 가장 큰 장애물을 만날 때는 언제일까요?

_____

_____

_____

2. 그 장애물을 넘기 위해 하나님 앞에서 할 수 있는 것이 무엇인지 적어 보세요.

_____

_____

_____

#36
쉬지 않고 부르짖어 기도했더니
- 사무엘1

　　🍃 은퇴하신 아버지는 시골에서 목회하시면서, 10년이 넘는 세월을 철야로 기도하셨습니다. 어머니께 전화를 드릴 때면, 수화기 건너편으로 소리를 높여 기도하는 아버지의 목소리가 들렸습니다.

"어머니, 아버지 또 기도하세요?"

"그래, 저러고 나시면 쓰러지다시피 하는데, 하나님이 시키신댄다. 침실에서 주무시는 걸 아예 잊으신 거 같다."

그래서인지 아버지께는 하나님이 역사하신 이야기가 끊이지 않습니다. 아버지와 하나님의 관계는 매우 특별해 보입니다. 아버지 입술에서 하나님의 은혜에 대한 감사와 찬양이 마르지 않는 것이 그 증거입니다. 기도가 너무 재미있다고 하시는 아버지는 평생 작은 교회만 섬기셨는데, 저에게는 그 영성이 가장 부러운 목사님입니다.

어린 시절 사무엘은, 자신을 세 번이나 반복하여 부르시는 하나님의 음성을 들었습니다. 사무엘은 바로 그 밤에 별처럼 쏟아지던 말씀을 온몸으로 받았고, 그때를 시작으로 점차 기도의 사람이 되었지요 (삼상 3:4). 훗날 사무엘은 이스라엘의 영적인 지도자로 서게 됩니다. 그의 말은 남들과 다른 권위가 있었습니다. 백성은 우상숭배를 멈추라는 사무엘의 명령을 하나님의 말씀으로 받습니다(삼상 7:3-4).

> 5사무엘이 이르되 온 이스라엘은 미스바로 모이라 내가 너희를 위하여 여호와께 기도하리라 하매 6그들이 미스바에 모여 물을 길어 여호와 앞에 붓고 그날 종일 금식하고 거기에서 이르되 우리가 여호와께 범죄하였나이다 하니라… _삼상 7:5-6a

"기도할게요"라는 말은 그리스도인들이 입버릇처럼 하는 말이기도 하지만, 사무엘에게는 자신의 온몸을 쪼갤 의지를 담은 말이었습니다. 미스바에 모인 백성은 하루 종일 금식하며 회개의 눈물을 쏟았습니다. 그런데 이렇게 기도하는 중에도 시험은 찾아옵니다.

이스라엘 자손이 미스바에 모였다는 소식을 듣고 블레셋이 쳐들어온다는 것입니다(삼상 7:7). 하필이면 모두 굶어가며 기도하고 있는 이 기진맥진한 때에, 블레셋이 침략한다는 겁니다. 두려움에 휩싸인 백성은 사무엘에게 자기들을 위하여 하나님께 쉬지 말고 부르짖어 달라고 매달립니다(삼상 7:8).

자기들을 위해 쉬지 말고 기도해 달라는 부탁, 혹시 받아본 적이 있나요? 잘못은 자신들이 해놓고 모든 결과와 책임을, 기도를 떠안은 사람에게 맡기려는 심산이 없어 보이지는 않습니다. 그런데 사무엘은 다급한 그들과 똑같은 마음으로 하나님께 온전한 번제를 드리며, 블레셋 사람의 손에서 이스라엘을 구해 주시기를 쉬지 않고 부르짖었습니다(삼상 7:9).

부르짖어 기도하는 중인데 블레셋은 점점 가까이 다가오고 있었습니다. 이스라엘로서는 참 기가 막힌 상황입니다. 그런데 하나님은 그 부르짖음에 응답하셔서 우레를 보내 블레셋 사람들의 진영을 어지럽게 만드셨습니다(삼상 7:10). 결국 이스라엘을 승리로 이끄셨지요.

> 나는 너희를 위하여 기도하기를 쉬는 죄를 여호와 앞에 결단코 범하지 아니하고 선하고 의로운 길을 너희에게 가르칠 것인즉 _삼상 12:23

항상 기도하며 깨어 있기를 원했던 사무엘과 함께하신 하나님께서는, 오늘도 우리의 기도 중에 함께하십니다. 주님은 다급할 때나 평안할 때나 늘 우리의 간구에 신실하게 응답하십니다. 그 하나님께서 우리의 목소리를 통해 열방의 소식을 듣기 원하십니다.

¹⁹진실로 다시 너희에게 이르노니 너희 중의 두 사람이 땅에서 합심하여 무엇이든지 구하면 하늘에 계신 내 아버지께서 그들을 위하여 이루

게 하시리라 ²⁰두세 사람이 내 이름으로 모인 곳에는 나도 그들 중에 있느니라 _마 18:19-20

우리의 기도가 나와 가족, 나라와 열방, 다음세대도 품을 수 있는 분량으로 넓어졌으면 합니다. 기도는 만사를 변화시킵니다. 주님께서 기도하는 중에 우리와 함께하시며 역사하십니다. 은혜와 승리의 소식이 우리의 기도를 통해 온 땅에 충만해지기를 간절히 소망합니다.

† 말씀 배경

사무엘은 '하나님의 이름'이라는 뜻이다. 그는 레위 지파로 이스라엘의 마지막 사사였다(행 13:20)다. 사무엘은 사사 시대에서 왕정 시대로 이어지는 과도기에 활동했으며 선지자, 제사장으로 사역하였다.

그의 출생은 어머니 한나의 기도가 응답받은 결과였다(삼상 1:20). 사무엘은 엘리 제사장의 보호 아래 어린 시절을 성막에서 보냈다. 훗날 그는 이스라엘의 왕정 설립에 지대한 영향을 끼쳤다. 무엇보다도 사무엘은 영적 혁신을 일으키며, 어머니 한나처럼 기도의 모범을 보였다(삼상 7:5).

† 골방 일기

1. 기도가 영적인 호흡이라는 말을 내 삶에 어떻게 적용할 수 있습니까?

_____

_____

_____

2. 나의 기도는 가정과 교회, 나라와 열방, 다음세대를 품고 있나요?

_____

_____

_____

#37
중심에서 중심으로
- 사무엘 2

🍃 "목사 아들이니까."

어린 시절부터 저를 따라다니던 수식어입니다. 심지어 우리 집의 강아지까지 그 호칭을 얻었지요. "목사네 강아지는 마구 짖어서도 안된다"라는 우스개소리가 농담 반 진담 반처럼 제 귀에 들렸습니다.

좀 자유롭고 싶던 사춘기 시절에는 그런 시선이 참 부담스러웠습니다. 그때 '곁길로 나가고 싶다'라는 마음이 불쑥불쑥 올라오곤 했지요. 절대로 가지 않겠다던 목회의 길을 가고 있으니, 이는 부족한 이를 사용하시는 하나님의 은혜입니다.

사무엘은 미스바에서 일어난 감격적인 일들을 기억합니다. 금식과 회개, 종일토록 올려 드린 기도는 이스라엘에게 영적 회복의 불을 지쳤습니다(삼상 7:5). 구원의 기쁨이 생생한 감격의 순간이었습니다.

그런데 하나님과 이스라엘 백성 가운데서 일생을 드려 헌신한 그의 말을, 이스라엘 백성이 이제 들으려 하지 않습니다. 늙었으니 더 이상 다스리지 말라고 하네요. 그의 아들들까지 비난하며 새로운 왕을 요구해 옵니다(삼상 8:5).

평생 하나님의 사명을 감당하느라 가정을 세심히 돌보지 못한 사무엘이 문제였을까요? 아니면 아버지의 고생스러운 사역을 보며 그 길을 따르고 싶지 않았던 아들들이 문제였을까요? 어찌되었건 그의 자녀들은 아버지를 본받지 않고 그들의 계획과 방법을 따라 살게 됩니다(삼상 8:3). 사무엘은 자신의 생각과 의지를 내려놓고 백성의 상황을 있는 그대로 하나님께 올려 드립니다(삼상 8:6).

쏟아지는 비난과 경우에 맞지 않는 요구에 사무엘이 참 힘들고 어려운 시간을 보냈으리라 생각됩니다. 또 열심히 사역했건만 자신의 마음을 알아주지 않는 자녀를 보면서 '내가 일생 동안 무엇을 했을까?' 하는 허탈함과 자책감도 들었겠지요. 그런 그에게 하나님께서 분명히 말씀하십니다.

여호와께서 사무엘에게 이르시되 백성이 네게 한 말을 다 들으라 이는 그들이 너를 버림이 아니요 나를 버려 자기들의 왕이 되지 못하게 함이니라 _삼상 8:7

하나님의 대답입니다. 모든 비난과 원망, 가정을 돌보지 못한 자책감이 사라지는 순간입니다. "너를 버린 것이 아니라 나를 버린 것이다. 나는 너의 하나님이며, 너와 함께하는 하나님이다. 그들이 너에게 하는 것이 나에게 하는 것이다. 네가 품고 있는 뜻이 바로 나 하나님이 원하는 뜻이다"라는 말씀이지요(삼상 8:8).

사역자에게, 하나님의 종에게, 이보다 더한 칭찬이 있을까요? 가장 고통스러운 순간에 하나님이 주신 말씀은 사무엘에게 큰 힘이 되었습니다. 사무엘은 이스라엘을 향한 하나님의 계획에 남은 일생을 드려 헌신하게 됩니다(삼상 8:21).

연로한데다 백성의 비난으로 위축되어, 이제는 사역을 그만하고 싶다고 할 만한 상황에서, 사무엘은 끝까지 하나님께서 말씀하시는 대로 행합니다. 하나님께서는 그의 손을 통해 민족의 중심이 되는 왕을 기름 부어 세우셨습니다.

> 사무엘이 기름 뿔병을 가져다가 그의 형제 중에서 그에게 부었더니 이날 이후로 다윗이 여호와의 영에게 크게 감동되니라… _삼상 16:13a

사울에게 기름을 부은 이후 또다시 다윗에게 기름을 붓고, 사무엘은 하나님의 임재 앞에 다윗처럼 큰 감동을 받았을 것입니다. 온 세상이 그를 비난했을지 몰라도, 사무엘은 하나님 중심의 마음으로 기름을 부었고, 주님께서 세상 끝까지 그와 함께하셨지요.

¹그러므로 너희가 그리스도와 함께 다시 살리심을 받았으면 위의 것을

찾으라 거기는 그리스도께서 하나님 우편에 앉아 계시느니라 2위의 것
을 생각하고 땅의 것을 생각하지 말라 _골 3:1-2

　　우리의 삶이 때로 사람들에게 칭찬과 인정을 받지 못하고 비난과
원망을 듣는다고 해도, 주님께서 주시는 칭찬에 만족하며 중심을 잃
지 않기를 소원합니다. 끝까지 사무엘을 사용하신 주님께서 부족한
우리도 사용하여 사명의 자리로 향하게 하십니다. 그 하나님 안에 위
로를 받고 힘을 얻어 넉넉히 승리하시기를 소망합니다.

† 말씀 배경

미스바는 '전망대'라는 뜻이다. 미스바는 야곱과 라반이 언약을 맺고 증표인 돌기둥을 세우고 붙인 이름이다(창 31:45). 사무엘은 영적 대각성 후에, 이스라엘의 초대 왕으로 사울을 세웠다(삼상 10:1).

사울은 이스라엘의 초대 왕으로(삼상 14:47), 준수하고(삼상 9:2), 성령이 임한 사람이었다(삼상 19:23). 그러나 사울은 승승장구하는 다윗에 대한 질투와 혈기를 제어하지 못했으며(삼상 18:11), 결국 불순종하여 하나님께 버림받았다(삼상 15:11). 이후에 다윗이 새 왕으로 기름 부음을 받는다. 사무엘은 왕을 세우면서, 왕의 권리와 의무를 직접 전했다(삼상 10:25).

† 골방 일기

1. 하나님의 뜻과 세상의 방식이 충돌할 때 어떻게 반응하나요?

_____

_____

_____

2. 삶의 모든 순간에 하나님께 인정받는 것을 최고의 가치로 두고 살아가나요?

_____

_____

_____

#38
강한 자와 약한 자 사이에서
-아사

🍃 한국만큼은 아니지만 댈러스의 겨울도 꽤 매
서울 때가 있습니다. 운동장, 교회 주변, 주차장, 도로 곳곳이 썰매를
타고 다닐 정도의 얼음판으로 뒤바뀌기도 합니다. 어느 날은 철야 기
도 중이었는데 천장에서 세찬 빗소리가 들려왔습니다. 이게 무슨 일
인가 생각하는 사이, '펑' 하는 소리와 함께 천장에서 물이 쏟아져 내
리더군요. 매서운 추위를 이기지 못하고 수도관이 터져 한바탕 물난
리를 치렀습니다.

추운 날씨 때문에 전기와 수도도 끊겼지만, 다행히 집에 있는 난로
에 나무를 태워가며 따뜻하게 보낼 수 있었습니다. 불 붙은 장작을 가
만히 보며 집이 없어 떠도는 열악한 이웃을 떠올렸습니다. 우리에게
이 추위는 하루이틀 고생하면 끝나는 것입니다. 그런데 이 추위에 손

을 써보지 못하고 죽는 사람들이 수만이나 되는 현실을 생각하며 눈물로 중보하는 시간을 보냈습니다. 그리고 그 해에 처음으로 거주하는 집이 없는 분들을 섬겼습니다.

아주 막막하고 어려운 상황에서 하나님의 승리를 경험한 아사 왕. 분열 왕국이 시작된 후 아버지 아비야의 뒤를 이어 왕위에 올라 오랫동안 평탄하게 나라를 다스렸습니다(대하 14:6). 아사 왕은 나라 안팎이 안정되어 갈수록 영적 생활을 튼튼히 했고, 내면에 어떠한 우상과 죄도 남겨두지 않으려는 신실함이 있었지요. 그러기에 왕의 결단은 곧 주변에도 영향력을 끼치기 시작했습니다(대하 14:3-4).

> [11]아사가 그의 조상 다윗같이 여호와 보시기에 정직하게 행하여 [12]남색하는 자를 그 땅에서 쫓아내고 그의 조상들이 지은 모든 우상을 없애고_왕상 15:11-12

아사의 결단은 나라 곳곳에 퍼져 있는 죄된 문화들을 변화시키는 촉매제 역할을 했습니다. 주님 앞에 정직하게 서기를 원했던 아사. 그런데 나라 밖에서 들려온 소식은 갑작스런 '선전 포고'였습니다. 세력을 확장하는 구스의 군대 장관 '세라'가 큰 규모의 군대를 이끌고 쳐들어온 겁니다. 아사는 부지런히 군대의 전열을 갖추고 골짜기로 향합니다.

저 멀리 보이는 세라의 군대는 듣던 대로 엄청난 규모였는데, 가까이에서 보니 그 숫자가 예상을 훨씬 뛰어넘었습니다. 족히 100만은 넘어 보이는 군대는 위협과 공포 그 자체였습니다.

절체절명의 위기 앞에서 어찌할 방법이 없던 아사는 하나님 앞에 무릎을 꿇습니다. 그리고 강한 자와 약한 자 사이에서, 오직 하나님 한 분만이 주인이라고 고백하지요. 입을 열어 부르짖는 아사 왕. 그는 하나님만이 도움이라고 선포하면서 온 힘을 다해 기도합니다.

> 아사가 그의 하나님 여호와께 부르짖어 이르되 여호와여 힘이 강한 자와 약한 자 사이에는 주밖에 도와줄 이가 없사오니 우리 하나님 여호와여 우리를 도우소서 우리가 주를 의지하오며 주의 이름을 의탁하옵고 이 많은 무리를 치러 왔나이다 여호와여 주는 우리 하나님이시오니 원하건대 사람이 주를 이기지 못하게 하옵소서 하였더니 _대하 14:11

낙담할 수밖에 없는 아사는 위기 앞에서 전능하신 주님만을 의지했습니다. 사람의 힘이 결코 주님을 이기지 못할 것이라는 확신을 가졌지요. 결국 주님께서 아사의 기도를 받으셨고 그의 기도에 응답하셨습니다(대하 14:12). 하나님이 하시니 구스 사람들이 모두 도망갔습니다. 어려움 앞에서 먼저 기도하며 전적인 하나님의 도우심을 구한 아사의 믿음을 봅니다. 그리고 내게 항상 도움을 주시고 가장 안전한 길로 이끄시는 주님을 더욱 의지하기로 결단합니다(시 121:1).

누구나 사람의 말과 생각때문에 요동할 순간이 있는데 이내 마음을 다잡아 하나님을 바라보는 사람에게 복이 있습니다. 마음이 연약하고 지쳐서 기도할 힘이 없을 때에도 기도할 힘을 간절히 구하며 오직 하나님께만 매달리면 반드시 주님이 그분의 뜻을 이루실 것입니다(롬 8:28).

> 크게 기뻐함으로 나의 여러 약한 것들에 대하여 자랑하리니 이는 그리스도의 능력이 내게 머물게 하려 함이라_고후 12:9b

위기에 처할 때 사람들은 저마다 다르게 반응합니다. 어떤 이는 분노와 혈기로, 어떤 이는 체념과 자포자기로 또 어떤 이는 믿음으로 반응합니다. 반응에 따라 우리에게 찾아오는 열매도 각각 다르겠지요.

아사에게 강한 자와 약한 자 사이에서 도움이 되셨던 하나님의 은혜는 지금 우리에게도 있습니다. 내 힘으로 할 수 없는 극한의 상황, 어려운 형편이라면 오직 도움이 되시는 하나님만 의지해야 합니다. 그것만이 살길입니다. 하나님의 손이 우리의 모든 약함에 그분의 능력을 더하실 것입니다.

† 말씀 배경

아사 왕은 유다의 왕으로 아비야의 아들이었다(B.C. 912). 그의 통치 초기에는 평화로웠다(대하 14:1). 에티오피아(구스)의 백만 대군이 침략했을 때 그는 하나님께 기도하여 승리할 수 있었다.

그러나 이후 아사 왕은 인간적인 방법을 쓰다가 넘어졌다. 하나님을 의지하는 믿음을 잃고 스스로 교만에 빠졌다. 하나님을 향한 처음 사랑을 잃어버린 것이다. 아사는 죽기 직전에 병에 들어서도, 하나님께 도움을 구하지 않은 채 의원들의 도움만을 구했다(대하 16:12). 하나님의 사람들은 끝까지 하나님을 의지해야 한다.

† 골방 일기

1. 아사 왕처럼 어려운 상황에 처할 때 어떻게 반응하나요?

_____

_____

_____

2. 기도할 때 도움을 주셨던 주님의 손길을 기억하고 적어 봅시다.

_____

_____

_____

#39
복에 복을 더하사
- 야베스

33세가 되던 해, 온 가족이 함께 제가 태어난 덕적도를 방문했습니다. 그 옛날 어머니는 우물 물을 긷기 위해 매일 언덕을 오르락내리락하며 살림을 하셨습니다. 빨랫감을 머리에 이고, 아이를 등에 업고 말입니다. 부모님은 그렇게 첫 시골 교회를 섬기셨습니다.

둘째인 저를 가지셨던 어머니는 언덕을 오르다가 갑자기 진통이 시작되어 집에서 출산하게 되었답니다. 집에 구비해 놓았던 《출산》이란 책을 보며, 아버지께서 직접 출산 과정을 도맡으셨습니다. 탯줄을 자르고 '핏덩이'를 닦으셨다고 합니다.

예정일보다 한참 일찍 태어난 저는, 가족 모두의 관심을 한 몸에 받았습니다. 병원에서 가망이 없다고 할 정도로 건강이 좋지 않았던 제

'성장 과정'을 지켜보는 일이, 어르신들에게는 큰 관심거리였나 봅니다. 명절 때마다 흐뭇한 눈으로 저를 바라보시던 할머니와 어른들이 종종 생각납니다.

가족의 이목을 한 몸에 받았던 어릴 적을 생각하다가, 성경의 야베스란 인물이 눈에 띄었습니다(대상 4:9).

황량한 광야에서, '한 아기'와 '산모'가 온 가족에 둘러싸여 있습니다. 산모가 밤새 진통한 끝에 아기가 나왔고, 드디어 가족 모두 안도의 숨을 내쉬었습니다. 옅은 숨을 내뱉고 있는 '핏덩이'에게 온통 촉각을 기울이고 있는 야베스의 가족입니다.

> 야베스는 그의 형제보다 귀중한 자라 그의 어머니가 이름하여 이르되
> 야베스라 하였으니 이는 내가 수고로이 낳았다 함이었더라 _대상 4:9

야베스는 난산 끝에 태어났습니다. 사람의 힘으로는 불가능했던 야베스의 '생명 줄'을 주께서 꼭 붙잡고 계셨던 것입니다. 살아 있다는 것이 기적이라는 것을, 하나님이 생명의 근원이시라는 것을, 야베스는 자라가면서 하나씩 배웠습니다.

인생이란 매우 치열하고 힘겨운 과정이라는 것을 태어날 때부터 톡톡히 겪어야 했던 야베스였습니다. 부모의 힘으로도, 내 힘으로도, 도저히 넘어설 수 없는 한계 앞에서, '생명의 귀중함'과 '하나님의 주권'을 피부로 직접 느끼며 자라났을 그입니다(대상 4:10).

그에게 하나님의 존재가 멀게만 느껴질 때에도 주님은 언제나 한결같은 공급자가 되셨습니다. 어린 시절과 청소년기를 지나며, 비록 야베스가 주님을 알아차리지 못할 때조차도, 하나님은 포근한 어머니의 태처럼 품어 주셨습니다.

그런데 어느 날부터인가 야베스에게 어떤 문제가 생겼습니다. 점차 거리를 좁혀 오는 부담은 상상을 초월할 정도였지요. 남아 있는 재산조차 어떻게 될지 모르는, 그야말로 진퇴양난에 빠졌습니다. 정확히는 알 수 없지만 집을 통째로 삼킬 만한 해일처럼 강한 부담이 야베스에게 찾아왔습니다(대상 4:10).

이때 야베스는 하나님께 더 가까이 나아갔습니다. 이전보다 더욱 간절히, 주님께 매달렸습니다. 복의 근원이신 하나님을 사모하며 구했습니다. 환난 날에 도움이 되시는 하나님을 전적으로 의지하며 구하는 '야베스의 기도'입니다.

> 야베스가 이스라엘 하나님께 아뢰어 이르되 주께서 내게 복을 주시려거든 나의 지역을 넓히시고 주의 손으로 나를 도우사 나로 환난을 벗어나 내게 근심이 없게 하옵소서 하였더니 하나님이 그가 구하는 것을 허락하셨더라 _대상 4:10

그의 기도는, 하나님께서 모든 것을 다 알아서 하시라는 기도가 아니었습니다. 하나님의 뜻이 이 땅에 이루어지기를 확신하며 구하는, 짧고 집중적인 기도였지요(눅 22:42). 수많은 환난을 뚫고 복의 근원이신 하나님의 손에, 모든 것을 맡기는 간구였습니다. 자신의 삶의 지경을 넓혀 달라며 떼를 쓰는 그의 간청을, 결국 하나님께서 허락하셨습니다.

> ²⁶이와 같이 성령도 우리의 연약함을 도우시나니 우리는 마땅히 기도할 바를 알지 못하나 오직 성령이 말할 수 없는 탄식으로 우리를 위하여 친히 간구하시느니라
> ²⁸우리가 알거니와 하나님을 사랑하는 자 곧 그의 뜻대로 부르심을 입은 자들에게는 모든 것이 합력하여 선을 이루느니라 _롬 8:26, 28

야베스의 기도를 들어주신 하나님은 신실하셔서 우리 기도에 동일하게 응답하십니다. 이제 우리도 야베스처럼 아픈 고통과 고난의 기억과 문제들을 주님께 고백해야 합니다. 세상의 모든 상처 입은 이에게 주님께서 말씀하십니다.

"나는 살아 있는 하나님이다. 내가 반드시 너와 함께하고 세상 끝까지 너를 포기하지 않겠다."

† 말씀 배경

야베스는 "수고로이 낳았다"라는 뜻이다. 그는 유다 지파에 속한 야베스 가족의 시조로 잘 알려져 있다. 야베스는 하나님께서 '복'을 주시는 분으로 믿고, 복을 구하며 기도하였다(대상 4:10). 예수님은 인생의 '참 복'을 산상 설교를 통해 말씀하셨다(마 5장).

† 골방 일기

1. 고통과 고난 중에 하나님이 주실 은혜와 축복을 기대하며 담대히 나아가고 있나요?

_____

_____

_____

2. 지금 하나님께서 주신 복들을 헤아려 봅시다.

_____

_____

_____

40

갑절의 은혜를 주옵소서
-엘리사

🍃 교회 청년들이 댈러스의 금식 기도원을 다녀왔습니다. 금식을 마치고 돌아온 그들의 얼굴은 참 밝아 보였습니다. 청년들은 영적으로 충만해지는 시간이었다며 감격스러워 했습니다.

그런데 금요 집회에 나온 청년의 이마에 웬 혹이 있는 것이었습니다. 자초지종을 알아봤더니, 금식을 하느라 몸을 지탱하지 못해 쓰러져 생긴 상처였습니다. 이마에는 상처가 났지만, 얼굴에는 놀랍게도 광채가 났습니다. 비틀거리는 무릎이지만 주님 앞에 엎드리는 청년들이 다음세대를 이끄는 주역이 될 것입니다.

엘리야의 제자 엘리사는 스승보다 더 크고 폭넓게 사역한 인물입니다. 그를 통해 역사하셨던 하나님의 능력은, 변화무쌍하고 타락한 시대 속에서 영적 부흥을 일으키는 귀중한 기폭제가 되었습니다.

하나님의 부르심을 받았던 그날, 엘리사는 하나님께 나아가기로 작정한 그날을 잊을 수 없습니다. 모든 것을 내려놓기로 결단하고 하나님의 선지자 엘리야를 따르기로 한 그날을 말입니다. 그는 아버지의 밭을 갈던 소를 잡고 소의 기구를 불살랐습니다. 또한 그 고기를 삶아 백성에게 주어 먹게 한 뒤 엘리야를 따르며 수종들었지요(왕상 19:20-21).

훌쩍 10여 년의 시간이 흘렀습니다. 엘리사는 가족과 소유 모두를 버리고 걸어온 외길을 돌아보았습니다. 스승 엘리야를 통하여 역사하시는 하나님의 성령을 목격하였고 성령의 역사를 깊이 경험하고 싶은 마음이 더해졌습니다(왕하 2:9).

엘리사는 엘리야와 헤어지기 전, 스승의 영성과 능력을 물려받고 싶은 열망이 강하게 생겼습니다. 선지자 엘리야가 떠날 생각에 마음 한켠이 허전했지만, 성령님을 사모하는 마음으로 엘리야의 말을 주시했습니다.

> 엘리야가 엘리사에게 이르되 나를 네게서 데려감을 당하기 전에 내가 네게 어떻게 할지를 구하라 엘리사가 이르되 당신의 성령이 하시는 역사가 갑절이나 내게 있게 하소서 하는지라 _왕하 2:9

10여 년 전, 열심히 땀을 흘리며 부모님의 밭에서 농사할 때, 엘리사는 수고하고 땀을 흘린 후 거두는 열매의 기쁨을 맛보았습니다. 이제 엘리사는 성령님을 사모하며 그분의 역사를 구하며 나아갑니다.

그리고 강권적으로 역사하시는 하나님의 임재를 경험합니다. 엘리사에게 필요했던 것은 하나님을 향한 열망이었습니다(왕하 2:9). 그렇게 간절하게 하나님을 구한 엘리사에게 주님께서 응답해 주셨습니다.

> 너희가 악할지라도 좋은 것을 자식에게 줄 줄 알거든 하물며 너희 하늘 아버지께서 구하는 자에게 성령을 주시지 않겠느냐 하시니라_눅 11:13

구하는 자에게 임하시고 역사하시는 하나님입니다. 엘리사는 성령님의 역사를 경험하며 그에게 맡겨진 사명을 감당하기 시작했습니다.

한번은 아합의 아들이자 이스라엘의 왕 여호람, 유다 왕 여호사밧, 에돔 왕 세 명이 엘리사를 찾아왔습니다. 그들은 모압 왕을 치려고 모였는데, 에돔 광야길을 걷다가 먹을 물이 없자 근처에 있는 하나님의 사람을 찾아왔던 것입니다. 그때 세 왕은 엘리사를 통해 주시는 주님의 말씀을 들었고, 그 말씀은 이루어졌습니다(왕하 3장).

오늘도 하나님의 나라를 구하며 성령님을 찾는 이들에게, 주님께서 갑절의 은혜와 능력을 더하십니다. 예수님께서 사역하실 때도 성령님에 이끌려 시험을 당하였고, 성령님과 함께 사역하셨습니다. 우리 역시 매 순간마다 성령님을 따라 순종해야 할 것입니다.

> 내가 이르노니 너희는 성령을 따라 행하라 그리하면 육체의 욕심을 이루지 아니하리라_갈 5:16

오늘도 성령님의 은혜는 우리 안에 동일하게 역사하고 있습니다. 다만 주님 앞에 겸손히 회개하며 기도하는 이들에게 성령의 역사를 부어 주실 것입니다. 엘리사와 같이 간절히 구하고 사모하는 자에게 주님은 똑같은 성령의 능력으로 옷 입혀 주길 원하십니다. 성령 충만하여 시대를 분별하고, 하나님의 나라를 가정과 사역과 열방까지 확장해 가는 우리가 되길 기도합니다.

✝ 말씀 배경

엘리사는 "나의 하나님은 구원이시다"라는 뜻이다. 그는 사밧의 아들이었으며(왕상 19:16), 엘리야의 뒤를 이어 선지자 역할을 감당했고, 하나님께서 함께하실 것이라는 담대한 믿음이 있었다(왕하 3:18).

하나님은 온 우주의 창조주이며(창 1:1) 전지전능한 분이다(시 139:8). 거룩하고(수 24:19) 의로우신 분이다(시 7:9). 또한 진실하며 공의로운 분이기에(사 7:9), 온전한 존경을 받기에 합당하시다. 우리는 하나님을 온 마음과 뜻과 정성을 다해 섬기고 공경하며 두려워해야(경외) 한다.

✝ 골방 일기

1. 하나님을 향한 열망, 성령님을 경험하고 싶은 열망이 내게 있나요?

_____

_____

_____

2. 성령님을 구하지 않고 나의 바람과 뜻을 구했던 적은 없었나요?

_____

_____

_____

#41
마지막 날에
-요엘

영국의 '웨일스 부흥'은 기독교 역사에서도 손꼽히는 부흥으로, 일반적인 각성 운동이 가장 멀리까지 영향력을 끼친 경우라고 합니다. 인도, 중국에도 영향력을 끼친 웨일스 운동은 한국 1907년 원산 대부흥 운동의 근원지이기도 합니다.

당시의 기록을 보면 이 부흥은 10명 남짓한 중보 기도자의 모임을 통해서 일어났습니다. 당시 웨일스의 모든 교회에 사람이 가득했고 무려 십만 명의 불신자가 회심했습니다. 술 취하는 일이 절반으로 줄어 술집이 문을 닫고, 범죄가 줄어 판사들은 살인, 폭행, 강간, 강도의 사건이 없음을 상징하는 흰 장갑을 받기도 했습니다. 순식간에 경찰들이 할 일이 없어져 해고되는 일도 있었다고 합니다. 회개와 회복과 영적 각성이 전 세계로 뻗어나갔고, 이는 한국의 영적 부흥의 불씨가 되었습니다.

저도 요엘 선지자가 보았던 영적 부흥을 사모하며 지금 이 땅에도 다시 영적 부흥이 일어나기를 소망합니다.

요엘 선지자는 백성 모두가 기도하며 금식할 때라고 경고했습니다. 애통하며 마음을 다해 하나님께로 향할 때라고 간곡한 마음으로 전했습니다. 요엘 선지자의 경고는 형식적인 신앙으로 타락해 있는 이들을 바로잡으려는 하나님의 마음이었습니다.

> [12]여호와의 말씀에 너희는 이제라도 금식하고 울며 애통하고 마음을 다하여 내게로 돌아오라 하셨나니 [13]너희는 옷을 찢지 말고 마음을 찢고 너희 하나님 여호와께로 돌아올지어다… _욜 2:12-13a

요엘은 온전한 회개 이후에 부어 주실 성령님을 사모하며 기도했습니다. 성령으로 충만한 날, 모든 자녀가 하나님의 임재를 경험하게 될 것을 확신했습니다. 그는 하나님을 부르는 모든 이에게 주어지는 특별한 은혜와 구원을 경험했고, 이성과 경험의 영역을 뛰어넘는 성령님의 놀라운 일들을 기대했습니다.

> 그 후에 내가 내 영을 만민에게 부어 주리니 너희 자녀들이 장래 일을 말할 것이며 너희 늙은이는 꿈을 꾸며 너희 젊은이는 이상을 볼 것이며
> _욜 2:28

이러한 놀라운 비전은 마음을 찢어 회개하는 이들에게 주어지는 성령님의 역사입니다. 하나님의 이름을 부르고 예수님을 구원자로 영접하는 이들에게 주어지는 하나님의 선물입니다(욜 2:32). 아무리 사방이 어두워지고 진리가 사라진 듯해도, 하나님은 우리에게 가장 밝은 길을 비추시지요. 오늘도 성령께서는 하나님의 뜻을 따라 말씀으로 역사하십니다. 하나님은 온전하게 회개하는 이들에게 성령의 역사로 함께하십니다.

요엘 선지자는 죄로 혼탁해진 땅에 회개를 선포합니다. 하나님의 영이 임하자 그의 입술을 통해 회개의 복음이 전해졌습니다. 진리의 말씀이 선포되었습니다. "누구든지 여호와의 이름을 부르는 자는 구원을 얻을 것"이며, "남은 자 중에 나 여호와의 부름을 받을 자가 있을 것"(욜 2:32)이라고 말입니다.

성령의 역사를 통해 이루려는 하나님의 뜻은, 주님의 십자가 앞에서 회개하고 주님의 이름을 부르는 자에게 주시는 하나님의 구원이었습니다. 요엘이 들은 바와 같이 성령님은 이와 동일한 일을 오늘도 행하시지요.

겸손히 기도하는 이들에게 성령님이 역사하고, 온전히 회개할 때 성령님이 임하십니다. 주께로 돌아오기를 간절히 원하시는 하나님의 마음이 요엘 선지자를 통해 오늘 우리에게 전해지는 듯합니다.

베드로가 이르되 너희가 회개하여 각각 예수 그리스도의 이름으로 세례를 받고 죄 사함을 받으라 그리하면 성령의 선물을 받으리니 _행 2:38

선지자 요엘과 사도 베드로의 말씀처럼 오늘도 회개하라는 말씀이 선포되고 있으며, 예수님의 이름으로 말미암는 회복의 비전이 우리 삶의 자리에 전해지고 있습니다. 이스라엘의 멸망 앞에 울부짖던 요엘 선지자의 예언은 심판 중에도 회복시키고 구원하실 하나님의 마음이었습니다.

여러분은 죄를 회개했습니까? 회개는 우리의 영혼이 살아나고, 영혼이 잘 되는 비결입니다. 예수님을 만나게 될 날을 고대하며, 반드시 죄 사함의 은혜를 받으시기 바랍니다. 그러면 성령의 역사를 힘입어 새 삶이 시작될 것입니다.

† 말씀 배경

요엘은 "여호와는 하나님이시다"라는 뜻이다. 요엘 선지자는 브두엘의 아들로서(욜 1:1), 성령의 감동을 따라 하나님 말씀을 전했다. 그는 하나님의 날과 성령님의 약속된 역사를 선포했다.

성령님은 인격을 가진 분으로 우리를 돕는 분이다. 성령님은 예수님을 증거하며, 진리를 깨닫게 하고, 예수님을 경험하도록 이끄신다. 성령님은 창조에 참여하셨고(창 1:1-2), 지혜의 영으로 임하신다(출 31:3-5). 그리스도인은 항상 성령님을 의지하고, 성령님을 초청하며, 성령님께서 이끄시는 삶을 살아야 한다.

† 골방 일기

1. 성령님을 경험하며 살아가고 있나요?

_____

_____

_____

2. 내 죄가 사해진 확신이 있나요? 회개 이후에 주시는 성령의 충만함을 경험한 적이 있나요?

_____

_____

_____

#42
뜻을 정한 인생
-다니엘

🍃 대학생 때 어머니께서 암 선고를 받았습니다. 어머니의 건강도 걱정이었지만, 시골 교회 목회자로 계시던 부모님의 재정 형편도 문제였습니다. 당장 병원비를 마련해야겠다는 생각에 양재동의 작은 인삼 회사에 다니며 일을 시작했습니다. 모든 상황과 마음은 어려웠지만, 하나님께서는 때마다 필요한 은혜를 적절하게 부어 주셨습니다.

병원비가 턱없이 모자라 걱정하고 있는데, 교회 식구를 비롯한 주변 지인의 도움을 통해 치료비를 낼 수 있었습니다. 하나님의 은혜와 하나님의 사람들의 도움으로 어머니의 수술도 잘 되고 회복되는 은혜를 경험하였지요. 그렇게 하나님의 은혜와 사랑을 듬뿍 받으면서 남은 삶을 사랑을 나누어 주는 사역자가 되기로 결단했습니다.

다니엘은 항상 하나님께 마음을 두었습니다. 그는 하나님의 은혜를 경험하는 사람이었고 하나님이 주시는 감동에 귀를 기울이는 영적인 사람이었습니다. 다니엘은 자신을 정결히 하며 주님을 바라봤습니다. 하나님을 따르며 세상과 타협하지 않았고, 끝까지 하나님의 길을 걸었습니다(단 1:9). 그는 하나님 앞에서 거룩한 결단을 하였고, 하나님이 기뻐하시는 삶을 위해 자신의 전부를 드렸습니다.

다니엘의 주변에는 권력과 관련된 온갖 거짓이 난무했습니다. 고관들의 시샘은 날로 더해졌고 그들의 권모술수는 왕에게도 영향을 주었지요. 그러나 다니엘은 평안을 잃지 않았고, 하나님께서 반드시 역사하실 것을 믿었습니다(단 6:10). 다니엘은 변하지 않는 마음으로 하나님을 신뢰하며 주님의 지혜를 의지했지요. 그의 세 친구도 바벨론의 법보다 하나님의 법을 우선으로 여겼습니다. 언제나 하나님께서 기뻐하시는 뜻에 삶의 우선순위를 두었지요(단 1:8).

하나님은 다니엘에게 지혜를 더하셨습니다. 어느 날 느부갓네살 왕이 꿈을 꾸고 큰 번민에 휩싸였는데(단 2장), 그 꿈을 풀 수 있는 마땅한 사람이 없었습니다. 모두가 꿈을 풀고 싶었지만 아무도 할 수 없었습니다. 이때 다니엘은 담대히 왕에게 말했습니다.

나의 조상들의 하나님이여 주께서 이제 내게 지혜와 능력을 주시고 우리가 주께 구한 것을 내게 알게 하셨사오니 내가 주께 감사하고 주를 찬양하나이다 곧 주께서 왕의 그 일을 내게 보이셨나이다 하니라 _단 2:23

느부갓네살은 금 신상을 만들어 모두에게 절하지 않으면 풀무불에 던져 넣을 것이라고 명령을 내립니다(단 3:6). 그러나 다니엘의 세 친구는 끝까지 금 신상에 절하지 않으며 거룩함을 지켰습니다. 결국 그들은 풀무불에 던져지고 말았지만, 모두 상하지 않았습니다(단 3:25). 다니엘과 세 친구를 향한 모함은 끊이지 않았지만 풀무불뿐만 아니라 사자굴에서조차도 구원받는 은혜를 경험했습니다(단 6:23).

주님은 다니엘의 모든 상황을 아셨습니다. 믿음으로 기도하는 그를 주님께서 높이셨고, 결국 다리오 왕의 입에서도 찬양이 흘러나왔지요(단 6:27). 이후에도 다니엘은 겸손하게 주님의 은혜를 찬양하며, 하늘에 속한 삶을 살았습니다(계 5:13).

> 하나님께로부터 난 자는 다 범죄하지 아니하는 줄을 우리가 아노라 하나님께로부터 나신 자가 그를 지키시매 악한 자가 그를 만지지도 못하느니라 _요일 5:18

다니엘의 마음에 하나님 나라가 임했습니다. 그의 길은 영원히 빛났습니다(단 12:3). 그가 이렇게 존귀하게 될 수 있었던 건, 하나님의 뜻에 자신의 삶을 드리고 깨어 기도하며 믿음으로 살았기 때문입니다. 오늘 이 땅에도 다니엘 같은 믿음의 사람들이 일어나기를 소망하며, 우리 모두 하나님이 기뻐하시는 영적인 사람이 되기를 기도합니다.

† 말씀 배경

다니엘은 "하나님은 나의 재판관이시다"라는 뜻이다. 다니엘은 B.C. 6세기에 바벨론에 포로로 잡혀갔던 인물이다. 당시에 바벨론의 느부갓네살 왕은 제국의 미래를 위해 심혈을 기울여 인재를 양성했고, 다니엘은 왕의 꿈을 풀이하여 행정가가 될 수 있었다.

다니엘은 바벨론 제국의 정치 한가운데에서 자신의 실력과 입지를 다졌다. 당시의 바벨론 정치 지도자들은 탁월한 사람을 원했고 그것이 제국에 도움을 줄 것이라고 생각했다. 다니엘과 세 친구는 이러한 정치적인 흐름을 따라 하나님 뜻 안에서 발탁되었다.

† 골방 일기

1. 오늘 내가 생각하고 추구하는 지혜는 무엇인가요?

_____

_____

_____

2. 하나님께 기도하고 하나님을 찬양함으로 어려운 상황을 이겨 낸 일들이 있나요?

_____

_____

_____

#43
그리스도의 계절
-느헤미야

2011년, 일본을 강타했던 대지진과 쓰나미는 전 세계를 충격으로 몰아넣었습니다. 눈앞에서 일어나는 끔찍한 재앙을 보며 안타깝고 비통한 마음을 금할 수 없었습니다.

고난의 이유를 모두 알 수는 없습니다. 그리스도인이라면 원치 않은 일들로 인해 상처 입고 실의에 빠진 이들을 먼저 위로하고 사랑을 전해야 할 것입니다.

느헤미야는 무너진 나라를 보며 가슴이 아팠습니다. 오랫동안 타지 생활을 하는 중에 들려온 고국의 소식에 느헤미야의 마음은 송두리째 무너졌습니다. 고독한 광야의 밤이 깊어질수록, 느헤미야의 눈물은 그칠 줄을 몰랐습니다.

³그들이 내게 이르되 사로잡힘을 면하고 남아 있는 자들이 그 지방 거기에서 큰 환난을 당하고 능욕을 받으며 예루살렘 성은 허물어지고 성문들은 불탔다 하는지라 ⁴내가 이 말을 듣고 앉아서 울고 수일 동안 슬퍼하며 하늘의 하나님 앞에 금식하며 기도하여 _느 1:3-4

느헤미야는 공동체가 큰 환난을 당하고 있다는 소식을 듣고 너무나 고통스러웠습니다. 고통이 깊을수록 기도하며 눈물을 흘렸고, 계속되는 어려움 앞에서 자신과 가정의 죄를 철저하게 회개하였습니다(느 1:6). 회개할수록 그의 가슴이 뜨거워졌습니다. 그리고 공동체를 향한 열망이 생겼습니다.

성이 허물어지고 성문들은 불탔지만 무너진 성을 재건하려는 주님의 계획을 발견한 느헤미야는 자신의 삶을 드리기로 결단했습니다. 그는 지체하지 않고 왕의 허락을 얻어 낸 후에 예루살렘을 향했습니다. 예루살렘에도 많은 어려움이 기다리고 있었지만, 주님은 그의 앞길을 예비하셨지요(느 2:10).

무너져 내린 성벽처럼 사람들의 마음도 무너진 상태였습니다. 산발랏과 도비야가 주변 사람을 동원하여 혼란을 야기한 것입니다. 이들은 혈기와 분노를 내며 성벽을 재건하는 이들을 비웃고 업신여겼습니다. 저주의 말을 퍼부으며 마음을 흔들었습니다. 급기야는 생명까지 위협했지요(느 2:1-6:1).

그럼에도 불구하고 느헤미야는, 고난의 시간 속에 더욱 단단한 믿음과 인격을 세워갔습니다. 깨어 기도하니까 어떤 세력도 느헤미야

공동체를 무너뜨릴 수 없었습니다. 결국, 하나님 안에 거하며 나아간 느헤미야의 공동체는 하나님이 기뻐하시는 공동체로 인정을 받았습니다.

> ¹그달 스무나흘 날에 이스라엘 자손이 다 모여 금식하며 굵은 베옷을 입고 티끌을 무릅쓰며 ²모든 이방 사람과 절교하고 서서 자기의 죄와 조상들의 허물을 자복하고_느9:1-2

느헤미야의 주변은 절망의 소식으로 가득했습니다. 온갖 부정적인 말들이 느헤미야를 괴롭혔지요. 겉으로 보기에는 한 번에 무너져 내릴 만한 상황이었습니다. 그러나 느헤미야는 위기가 거듭해도 흔들리지 않았습니다(느 4장).

주님 앞에 겸손하게 회개하며 기도하여 평정심을 찾았습니다. 하나님의 도우심을 의지하며 영적으로 깨어 있었지요. 결국 끝까지 인내하며 헌신한 이들 모두는 그 이름이 후대에 영원히 알려지게 되었습니다(느 3장). 하나님의 주권 아래 성벽도 안정적으로 재건되었습니다(느 12:27). 모든 일은 전적인 하나님의 인도하심이었습니다.

> 만일 우리가 우리 죄를 자백하면 그는 미쁘시고 의로우사 우리 죄를 사하시며 우리를 모든 불의에서 깨끗하게 하실 것이요_요일 1:9

오늘도 주님은 겸손하게 회개하는 한 사람, 기도하는 한 사람을 찾으십니다. 주님은 겸손하게 기도하는 한 사람의 간구를 들으십니다. 그 기도를 통해 가정도 교회도 살아나도록 인도하실 것입니다.

이제 우리는 서로 연대하며 섬김의 기도를 드려야 합니다. 나의 뜻이 아니라 하나님의 뜻이 이루어지는 기도가 절실합니다. 내 생각이 앞서는 것이 아니라 주님의 생각과 마음을 앞세우는 기도가 필요합니다. 주님 앞에서 죄를 자복하고 오직 하나님을 구하는 이들에게 그리스도의 계절이 올 것입니다.

† 말씀 배경

느헤미야는 "여호와께서 위로하셨다"는 뜻이다. 그는 페르시아의 다섯 번째 왕 아닥사스다 시절에 활동하던 총독이었고, 3차 포로 귀환(B.C. 445)을 이끌었다. 느헤미야는 아닥스사다 왕 20년째 되던 해에 페르시아의 높은 관직에 올랐다.

느헤미야는 성벽 재건을 목표로 세웠다(느 1:1). 그는 평소에 페르시아 왕의 신임을 얻었기 때문에 그로부터 도움을 받을 수 있었다(느 2:5-8). 먼 훗날 페르시아는 마케도니아(알렉산더 왕)의 침략으로 멸망해 다리오 왕이 페르시아의 마지막 왕이 되었다. 페르시아 제국의 멸망 이후 헬라 제국이 등장한다.

† 골방 일기

1. 내가 눈물을 흘리며 기도해야 할 가정과 교회의 기도 제목은 무엇인가요?

_____

_____

_____

2. 어려운 중에 끝까지 인내하며 하나님을 의지하여 얻은 응답을 고백해 봅시다.

_____

_____

_____

하 나 님 을   소 개 하 는   친 구

part 6

하나님,

광야를
지나게
하시네

#44
고난은 어디에서 오는가
-욥 1

🍃 이민 목회는 한국의 목회와는 또다른 경험이
었습니다. 모든 것이 낯설었습니다. 교회가 재정난에 허덕이고 있는
중에 부임했고, 제 사역비는 고스란히 교회 빚을 갚기 위해 지불되었
습니다. 한국에서 말로만 듣던 '교회 부도'를 실제로 경험하는 순간이
었지요. 교회 빚에 부담을 느껴 성도 상당수가 부임 전에 이미 교회를
떠났고 70년이 넘은 낡은 건물을 간신히 유지하던 성도 대부분도 탈
진해 있었습니다. 비가 내리면 어김없이 새는 지붕과 깨진 유리창을
보며, 성도들은 교회가 망할지도 모른다는 불안감에 휩싸여 있었습
니다.

제 힘으로는 아무것도 할 수 없기에 매일 하나님께 나아가 눈물로
간구했습니다. 그동안 무수히 드린 추상적인 고백이 아닌, 삶의 실제

를 드리는 믿음의 고백이 시작되었지요. 일하시는, 신실하신 하나님의 실제적인 손길을 그때부터 경험하였습니다.

욥은 고난의 대명사로 언급되는 인물입니다. 욥은 여러 고난을 겪기 전까지 어느 것 하나 부족함 없이 풍요롭게 살았습니다. 동방에서도 그의 이름을 모르는 사람이 없을 정도였지요(욥 1:3). 그런데 이정도 되면 마음이 안일해져 신앙생활에 소홀할 수도 있을 텐데, 그에게는 하나님을 향한 마음이 변함이 없었습니다(욥 4:5).

> 우스 땅에 욥이라 불리는 사람이 있었는데 그 사람은 온전하고 정직하여 하나님을 경외하며 악에서 떠난 자더라_욥 1:1

무엇보다도 욥은 하나님과의 관계를 중시했고, 온전하게 하나님을 경외하였지요. 그러나 어느 날 들려온 갑작스러운 비보에 큰 충격을 받습니다. 스바 사람의 습격으로 종들이 몰사한 것을 시작으로 연거푸 충격적인 소식이 전해진 것입니다(욥 1:14-19).

자녀들이 모두 죽었습니다. 욥은 명을 다하지 못하고 죽은 자녀들을 떠올리며 하염없이 눈물을 흘렸습니다(욥 1:19). 그런데 놀랍게도 그는 이러한 큰 시련과 아픔속에서도 하나님을 원망하지 않았습니다(욥 1:20-22).

고난은 점점 가혹해집니다. 하루아침에 재산을 잃고, 자녀들이 한날에 목숨을 잃고, 온몸에 종기가 돋은 것입니다(욥 2:7). 아내는 "하나님을 욕하고 차라리 죽으라"며 원망했고(욥 2:10), 주변 사람도 순식 간에 적으로 바뀌었습니다.

끝까지 최선으로 자신을 방어하며, 입술로 범죄하지 않기를 힘쓰던 욥은 어느 순간 와르르 무너졌습니다. 자신의 신세가 너무 처량하고 비참해 보였겠지요. 그의 인내심이 한계에 이르렀습니다. "어찌하여 고난당하는 자에게 빛을 주셨으며 마음이 아픈 자에게 생명을 주셨 느냐"(욥 3:20) 한탄하고, 그에게는 "평온도 없고 안일도 없고 휴식도 없고 다만 불안만이 있다"(욥 3:26)라고 절규합니다.

욥의 심정은 같은 고난을 당해 보지 않고서는 이해할 수 없을 것입 니다. 차라리 죽는 편이 낫지 않을까 괴로워하는 욥을 보며, 고난 한가 운데에서 마음 아파하던 때를 돌아봅니다. 그리고 우리의 마음을 가 장 잘 아시는 주님을 힘입어 새 힘을 얻습니다.

누구나 고난 앞에서 침묵하고 계신 하나님께 빨리 대답을 듣고 싶 을 것입니다. 비록 우리가 그분의 뜻을 알지 못하더라도 오직 주님을 바라보며 끝까지 마음을 지키기를 기도합니다.

²내 형제들아 너희가 여러 가지 시험을 당하거든 온전히 기쁘게 여기라 ³이는 너희 믿음의 시련이 인내를 만들어 내는 줄 너희가 앎이라 ⁴인내 를 온전히 이루라 이는 너희로 온전하고 구비하여 조금도 부족함이 없 게 하려 함이라 _약 1:2-4

낙심이라는 수렁은 모든 사람에게 찾아옵니다. 그때마다 조금 더 인내하며 주님을 바라보는 믿음이 필요합니다. 하나님께 소망을 두면 우리의 연약함을 강하게 하시고 더욱 온전하게 다듬어 가실 것입니다. 어려운 고난의 시간은 우리를 다듬는 하나님의 손길입니다.

오늘도 주님은 욥처럼 어려움에 처한 이들의 주님이십니다. 모든 아픔을 어루만지시며 세상 끝까지 함께할 것이라고 말씀하십니다. 주님 안에서 조금 더 인내하며 하나님을 의지함으로, 이전보다 더욱 하나님 경험하기를 소망합니다.

† 말씀 배경

욥은 아브라함처럼 족장 시대에 살았던 인물로 추정된다(B.C. 2000). 욥에는 '하나님의 대적자'와 '회개하는 자'라는 두 개의 뜻이 있다. 그의 삶은 이름에 담긴 뜻처럼, 하나님 앞에 온전하게 회개하고 더욱 성숙한 삶을 살았다.

의인으로 인정받은 욥은 고난 중에 많이 불평하였다. 그러나 결국 겸손하게 하나님께 회개하여 더욱 큰 은혜를 누렸다(욥 42:5-6). 우리는 욥을 통해 인간의 고난에 관한 매우 실제적인 부분들을 배운다. 〈욥기〉는 고난을 통해 하나님 앞에 겸손하고 그분을 경외하라는 교훈을 전한다.

† 골방 일기

1. 고난을 겪을 때 나의 신앙은 어떤 모습인가요?

_____

_____

_____

2. 하나님과의 관계가 성숙해지는 중에 겪었던 고난을 기록해 봅시다.

_____

_____

_____

#45
눈으로 주를 뵈오니
-욥 2

하나님을 믿는 분이나 믿지 않는 분 모두에게 가장 이해하기 힘든 주제 중 하나가 고난일 것입니다. 많은 사람은 고난을 겪을 때, 어째서 이런 일이 생겼을까 생각하며 하나님을 의심하곤 합니다. 저 역시 납득할 수 없는 시련 앞에서 하나님을 의심할 때가 많았습니다.

세계 곳곳에 일어나는 자연 재해, 전쟁, 기아와 빈곤 등 다양한 고통 앞에서 "하나님, 언제까지입니까?" 하고 끊임없이 묻지만, 여전히 침묵하고 계시는 주님을 볼 때가 많습니다. 그럴 때면 아주 작은 것조차 해낼 수 없는 나 자신의 연약함에 낮아질 수밖에 없습니다.

욥은 계속되는 고난 앞에서 심각한 마음의 혼란을 겪었습니다. 욥이 고통 뒤에 있는 하나님의 선하신 뜻을 깨닫기까지는 오랜 시간이 필요했습니다. 고난의 원인이 죄 때문인지, 다른 것에 있었는지를 정확히 알 수 없었습니다. 다만 거대한 시련의 파도가 쉴 새 없이 그에게 몰아쳐 죽음의 한계까지 끌고갈 뿐이었습니다.

고난에 처하자 주위의 많은 위로와 권면은 귀에 들어오지 않았습니다. 친구 중에는 고난의 원인을 욥의 죄라고 여기는 이들도 있었습니다. 무엇보다도 욥은 자신의 처지를 이해하지 못하는 친구들을 보며 깊이 좌절했습니다.

> 옳은 말이 어찌 그리 고통스러운고, 너희의 책망은 무엇을 책망함이냐
>
> _욥 6:25

욥은 하나님이 기도를 들으실 거라는 희망을 놓지 않았습니다. 죽음의 땅에서 헤매듯 그는 고통 앞에서 어떻게 서야 할지 어려웠고, 하나님의 시선이 어디에 머물러 있는지도 알 수 없었지요(욥 7:8-9). 그런 욥을 향해 빌닷이 다시 권면합니다. 빌닷은 고난받는 욥의 심정을 이해하지 못하고 율법적인 말로 권면합니다. "네 시작은 미약하였으나 네 나중은 심히 창대하리라"(욥 8:7)는 빌닷의 말은 욥을 정죄하며 권면하는 비판적인 말이었습니다.

욥이 하나님의 뜻을 알지 못했던 것은 어쩌면 당연했습니다. 그러나 그 당연한 인간의 연약함은 두려움이 되어 욥의 마음을 두드렸지요(욥 9:11-28). 점차 그는 자기감정에 솔직해졌습니다. 영적인 곤비

함을 토로했고 이전보다 더욱 겸손히 고백하기 시작했습니다. "하나님, 제발 저를 정죄만 하지 말아 주십시오. 제발"(욥 10:1-2). 욥은 이제 겸손하게 선언합니다.

> ⁸그런데 내가 앞으로 가도 그가 아니 계시고 뒤로 가도 보이지 아니하며 ⁹그가 왼쪽에서 일하시나 내가 만날 수 없고 그가 오른쪽으로 돌이키시나 뵈올 수 없구나 ¹⁰그러나 내가 가는 길을 그가 아시나니 그가 나를 단련하신 후에는 내가 순금같이 되어 나오리라 _욥 23:8-10

뜻하지 않은 고난 앞에서 친구들은 욥을 정죄했지만 욥은 주님께 기도하였습니다. 죄로 죽을 수밖에 없는 자신의 한계를 깨달으며, 영적인 거룩함을 지키기로 결단했지요(욥 31:9). 욥은 자신의 삶을 주관하며 창조하시는 하나님께 신실하게 고백했습니다.

이제 욥은 분명하게 확신합니다. 고난 앞에서 하나님의 음성을 더욱 선명히 들으며, 전능하신 하나님을 새롭게 경험했습니다. 귀로 듣던 하나님을 이제 직접 보게 된 것입니다(욥 42:5-6).

욥의 믿음은 더욱 성장했습니다. 그의 인격은 이전하고 비교할 수 없이 성숙해졌습니다. 이제는 자신을 계속 정죄했던 친구들을 위해 기도하는 '중보자'로 변화되었습니다(욥 42:10). 욥의 마음은 하나님의 뜻 안에 더욱 성숙해져, 고난을 유익으로 바꾸었습니다. 무엇보다도 욥은 철저히 회개하였고, 그의 회개를 주님께서 받으셨습니다(욥 42:6).

어떤 고난이 있습니까? 고난 중에 두려워하지 말고 하나님의 함께
하심을 기억하십시오. 어려움 중에서도 우리를 돕고 새 힘을 주시는
하나님을 잊지 말기 바랍니다. 고난 중에 점차 욥이 하나님을 바라봄
으로 더욱 성숙해졌듯이, 우리도 조금 더 인내하며 매일 주님을 바라
보면, 어느새 성숙해져 있을 것입니다.

✝ 말씀 배경

성경은 욥의 고난이 욥의 죄 때문이라고 기록하지 않는다. 어떤 고난은 죄의 결과라고 이해할 수 있지만, 어떤 고난은 그렇지 않을 수도 있다. 그렇기에 그리스도인은 고난당하는 이들을 쉽게 비판하거나 정죄해서는 안 된다. 예수님께서는 고난당하는 이들과 함께하셨고, 억눌려 있는 이들을 일으켜 세우셨다. 우리 역시 고난을 당할 때에 기도하고, 고난당하는 이들을 사랑해야 한다. 때로 고난은 죄를 깨닫게 하고 영적인 유익도 가져다준다. 그리스도인은 고난받으신 예수님을 배우고, 고난 뒤의 영광이 올 것이라는 믿음을 가져야 한다(롬 8:18).

✝ 골방 일기

1. 고난 중에 두려워했던 기억이 있나요?

_____

_____

_____

2. 고난을 통해 주셨던 주님의 말씀을 기록해 봅시다.

_____

_____

_____

#46
형이 되어 보던 날
-야곱1

🍃 자녀는 늘 부모에게 특별한 사랑을 받고 싶어 합니다. 아이 셋을 키우다 보니, 한 아이에게 사랑이 집중되면, 다른 아이들이 이내 서운해합니다. 사랑을 골고루 나눈다는 것은 참 어려운 일입니다.

성도도 마찬가지입니다. 어떻게 성도 한 명 한 명을 세심하게 돌봐야 할지 늘 숙제입니다. 혹시 사랑을 뺏겼다고 느끼지는 않을까 노심초사할 때도 있습니다. 어떻게 모든 사람을 따뜻하게 품어야 할지 평생을 배워야 할 것 같습니다.

아버지 사랑에 목마른 야곱은 가슴이 구멍난 듯 늘 허전합니다. 형에게 장자권과 모든 것을 빼앗겼다는 생각에, 마음이 언제나 괴로웠습니다. 자신보다 힘도 세고 남자로서 매력이 많은 형과 그런 형을 향한 아버지의 눈길이 무척이나 부러웠습니다. 아버지 사랑의 부재는 외로움을 넘어 열등감으로 이어졌고, 어느새 야곱의 마음은 위축되었습니다.

야곱은 아버지를 속이며 형이 되어 보던 그날, 그때를 결코 잊지 못합니다. 두렵고 떨리는 마음으로 별미를 만들어 아버지에게 갔습니다. 아버지가 손과 팔을 만지자 몸이 얼어붙는 줄 알았지요. 그러나 천천히, 침착하게 아버지를 속이는 데 성공했습니다. 형인 줄 알고 내리시는 축복이지만, 기도를 받는 내내 축복은 눈물이 되어 가슴을 적셨습니다. 모든 것을 이룬 것 같았습니다. 그러나 형이 돌아온 후 문제가 불거졌습니다(창 27:30).

축복을 빼앗긴 형이 화를 낼 줄 짐작은 했지요. 하지만 팥죽으로 장자권을 빼앗았던 지난번과는 분위기가 사뭇 달랐습니다. 형의 눈동자에 증오와 살기가 묻어 나왔습니다. 결국 외삼촌댁으로 피신하기 위해 집을 떠나면서 야곱의 광야 생활이 시작되었습니다(창 28:10). 고향을 떠난 타지 생활은 지독하게 외로웠습니다. 기약 없는 여행이 마냥 두렵고 불안합니다. 가도 가도 끝이 없을 것 같은 그 길을 한걸음씩 옮기고 있습니다.

그동안 별 탈 없던 이삭의 가정에는 마음을 가위로 오린 듯한 아픔이 가득합니다. 야곱도 마찬가지로 아픕니다. 당장이라도 받을 줄 알았던 '기도의 축복'은 어디쯤 있는 것인지, 뙤약볕 광야길에 남겨진 자신을 대면하자니 서글픔이 밀려옵니다(창 28:11). 아버지를 속여 받아

낸 축복인데, 그 때문에 오히려 더 버림받고 쓸데없는 존재가 된 것 같아 속상합니다.

야곱은 울며 걷다 지쳐, 돌베개를 베고 잠을 청합니다. 그런데 이 고독한 밤, 꿈에 하나님의 천사가 오르락내리락하는 모습을 보게 됩니다(창 28:12). 지독히도 고독한 광야의 밤에, 눈물조차 말라버린 그 자리에서 하나님께서 함께하심을 본 것입니다.

그동안 축복은 멀리 있는 줄 알았습니다. 그래서 더더욱 고단하게 그것을 붙잡아야 하는 줄 알았지요. 그러나 지금 서 있는 자리가 축복의 자리이며, 하늘과 연결된 자리인 것을 깨닫습니다. 하늘문과 연결된 자리는, 바로 지금 내가 서 있는 곳이라는 확신이 생깁니다.

하나님은 아버지 사랑 밖으로 던져진 야곱을 불쌍히 여기셔서, 새 힘을 주시고 큰 사랑으로 품으셨습니다. 비록 마음 한편의 고독은 사라지지 않았으나, 하나님의 임재는 분명했습니다.

이후 자기중심적인 외삼촌 라반과 지내면서, 그동안 형을 속여 온 '야곱 자신'을 보았습니다(창 29:25). 배신감에 고통스러웠을 형을 다시 만난다면 재산을 나누고 진심으로 용서를 빌고 싶었습니다.

야곱의 인생은 아버지 사랑의 부재로, 외로움에 허덕였습니다. 결국 도망자 신세가 되어 쓰러져 있을 바로 그때, 하나님이 그를 찾아오셔서 항상 함께하겠다고 말씀하셨습니다. 허물로 얼룩진 야곱의 길을 이끌겠다고 약속하셨습니다.

내가 너와 함께 있어 네가 어디로 가든지 너를 지키며 너를 이끌어 이

246

땅으로 돌아오게 할지라 내가 네게 허락한 것을 다 이루기까지 너를 떠나지 아니하리라 _창 28:15

주님은 오늘도 우리의 구부러진 감정을 살피시고, 값없이 은혜를 더하십니다. 야곱의 꿈에 나타나셨던 벧엘의 하나님은 살아 계신 주님으로 우리에게 찾아오십니다. 때로 나 자신이 보잘것없어 보여도 "내가 늘 너와 함께하고 있다" 말씀하십니다. 이제 눈을 열어 볼까요? 지금 우리가 서 있는 곳이 바로 하늘문과 연결된 자리입니다.

²³모든 사람이 죄를 범하였으매 하나님의 영광에 이르지 못하더니 ²⁴그리스도 예수 안에 있는 속량으로 말미암아 하나님의 은혜로 값없이 의롭다 하심을 얻은 자 되었느니라 _롬 3:23-24

✝ 말씀 배경

야곱의 형 에서는 야곱보다 조금 일찍 태어나 장자가 되었다. 야곱은 형이 장자권을 소홀하게 여기는 틈을 타 장자권을 샀고(창 27:36), 어머니 리브가의 도움 아래 형의 축복을 빼앗았다.

장자는 맏아들을 가리킨다. 동물의 처음 난 수컷 새끼는 '초태생'으로 부른다. 족장 시대에는 장자가 아버지의 뒤를 잇도록 명시되어 있다(창 25:32). 장자에게는 더 큰 권위와 존경, 유산이 주어졌다(창 43:33). 초기 이스라엘에서 장자는 하나님의 몫으로 간주되기도 했다(출 22:29).

✝ 골방 일기

1. 야곱처럼 갈 길을 몰라 방황하던 때, 하나님을 만난 경험이 있나요?

_____

_____

_____

2. 내 속에 깊이 자리 잡은 열등감과 실패감으로 인해 고통의 시간을 보내나요? 하나님은 내게 무엇이라 말씀하시나요?

_____

_____

_____

47

야곱에서 이스라엘로
-야곱 2

🍃 미국에서 산다는 것, 물론 감사한 일이지만 어렵고 힘들 때도 참 많습니다. 먼 타지에서 겪는 다양한 삶의 이야기를 접할 때면 눈물 없이 들을 수 없는 아픔이 많습니다. 그럼에도 불구하고 시련 가운데서도 주님을 의지하고 무릎 꿇는 분들을 볼 때마다 얼마나 자랑스럽고 은혜가 되는지 모릅니다.

때로 타국 생활에 지칠 때면, 처지가 비슷했던 야곱을 떠올려 봅니다. 지금까지 편하게만 살았다면 야곱의 이야기는 쉽게 공감하기 힘들 수도 있습니다.

야곱은 타지 생활이 길어질수록 쉽게 혈기를 내기도 했습니다(창 30:2). 그런데 고난과 시련의 세월이 깊어질수록 하나님과의 관계를 특별하게 다듬어 가면서 그의 영적인 면모가 남달라졌습니다.

> 내가 주께 간구하오니 내 형의 손에서, 에서의 손에서 나를 건져 내시옵
> 소서… _창 32:11a

대가없이 계속되는 노동, 마음 둘 곳 없는 외로움이 지속된 20여 년의 타지 생활에 종지부를 찍고 야곱은 고향으로 길을 떠납니다. 그런데 형에 대한 무거운 마음의 짐이 있어 발걸음 떼기가 두려웠습니다.

야곱은 외삼촌 댁에서 정당한 자기 몫을 챙겨 나왔으나 외삼촌 라반은 자신을 도망자 쫓듯 했습니다. 무엇을 더 가져야만 성에 차는 외삼촌 라반입니다. 야곱은 고통과 연단이 길어질수록 하나님께 더 매달려야 했습니다. 형을 만날 때가 다가올수록 스스로 어찌할 수 없는 두려운 산 앞에서, 오직 하나님만이 열쇠임을 고백하고 매달릴 수밖에 없었습니다(창 32:11).

하나님만 의지하는 태도가 확연해지고 남을 속이던 자아도 꺾였습니다. 야곱은 결국 하나님을 크신 분으로 인정했고(창 33:5-8), 형에게 진심으로 사죄하게 되었습니다(창 33:10). 이 변화는 가족 전체로 이어집니다. 하나님을 처음 만났던 '벧엘', 바로 그곳에서 제단을 쌓으라는 말씀을 듣고, '처음 사랑'을 회복하기 시작했습니다. 그는 벧엘로 올라가 "내 환난 날에 내게 응답하시며 내가 가는 길에서 나와 함께하신 하나님께" 제단을 쌓겠다고 합니다(창 35:3).

하나님이 그에게 이르시되 네 이름이 야곱이지마는 네 이름을 다시는 야곱이라 부르지 않겠고 이스라엘이 네 이름이 되리라 하시고 그가 그의 이름을 이스라엘이라 부르시고_창 35:10

야곱은 이러한 하나님의 음성을 듣고 자신을 둘러싼 영적 질서를 바로잡기 시작합니다. 집안 사람과 그와 함께한 모든 자들이 숨겨 놓았던 이방 신상을 상수리나무 아래에 묻고(창 35:4), 새 옷으로 갈아입고 하나님께 회개합니다. 죄로부터 돌이킨 후, 이제 더 이상 야곱은 야곱이 아닌 새로운 피조물, '이스라엘'이 됩니다. 그 이스라엘을 통해 우리 구주 예수님이 나셨습니다.

그런즉 누구든지 그리스도 안에 있으면 새로운 피조물이라 이전 것은 지나갔으니 보라 새것이 되었도다_고후 5:17

큰 환난을 견뎌 내고 새사람으로 거듭난 야곱을 보니 소망이 생깁니다. 때때로 시련과 아픔이 크게 다가올지라도, 그 모든 것이 결국은 온전한 주님의 사람으로 거듭나기 위해 다듬어지는 훈련의 과정임을 마음에 새겨봅니다.

지금도 고통과 눈물 속에서 주님을 부르는 모든 사람에게 "너희를 새롭게 하리라"고 주님은 말씀하십니다.

†말씀 배경

야곱은 이삭의 둘째 아들로, 이름의 뜻은 "발꿈치를 잡았다"이다. 야곱은 하나님의 복을 받은 징표로 이스라엘이라는 이름을 부여받았다(창 35:10). 그의 새 이름은 이스라엘 민족을 대표하는 명칭이 되었다.

'야곱 같다'는 표현은 교활한 사람을 지칭할 때 자주 쓰인다. 성경은 만물보다 부패한 것이 사람의 마음이고(렘 17:9), 모든 사람은 죄인이라고 말한다. 하나님은 야곱 같은 연약한 사람을 하나님이 쓰시기에 적합한 사람으로 변화시켜 하나님의 일을 하신다.

†골방 일기

1. 내가 버려야 할 '야곱'과 같은 모습은 어떤 것인가요?

_____

_____

_____

2. 내 안에 예수님이 계심으로 인해 나는 항상 승리한다고 고백할 수 있나요?

_____

_____

_____

#48
꿈을 꾸게 하시다
-요셉 1

🍃 평소에 꿈을 안 꾸는 편인데, 어느 날 절벽 끝 자락에 서 있는 꿈을 꾸었습니다. 꿈속에서 바람에 휘청이다 중심을 잃고 그만 절벽 아래로 떨어졌습니다. 떨어지던 도중 다행히 뭔가를 잡아 다시 절벽 위로 오르려 했으나 힘이 빠져 움직일 수가 없었지요. 애를 쓰며 발버둥치다가 결국 스르르 손을 놓았고 이제는 죽었구나 했습니다. 그때 어디선가 거센 듯 부드러운 바람이 날개 모양을 하고 다가와 떨어지고 있는 저를 업어 절벽 위 처음 자리로 데려다 주었습니다.

살다가, 절벽 위에 선 것 같은 순간을 만났을 때 이 꿈은 제게 큰 힘이 되었습니다. 하나님께서는 실제로도 친히 살리시는 분임을 제 삶에서 경험했지요.

꿈과 같은 일을 실제 인생으로 경험한 대표적인 인물이 있습니다. 바로 요셉입니다. 그날도 요셉은 형들에게 꿈 이야기를 실컷 했습니다(창 37:6). 아직 어린 요셉은 형들이 자신을 어떻게 생각하는지 분별하지 못했습니다. 아버지는 노년에 얻은 아들이어서 요셉을 유독 많이 사랑해 그에게만 채색옷을 지어 주었으니(창 37:3), 그는 존재만으로도 형들의 미움과 시기의 대상일 수밖에 없었습니다.

> ³¹그들이 요셉의 옷을 가져다가 숫염소를 죽여 그 옷을 피에 적시고 ³²그의 채색옷을 보내어 그의 아버지에게로 가지고 가서… _창 37:31-32a

구덩이에 빠진 모습, 그는 상상조차 해본 적 없는 일이었습니다. 꿈이 다 무엇이었는지, 해와 달과 별의 인사는커녕 이대로 땅이 자신을 집어삼키려 합니다(창 37:24). 구덩이에 던져지고, 애굽에 노예로 팔려가면서 요셉은 무슨 생각을 했을까요(창 37:28).

자기의 목숨을 '포기'할 수도 없는 애굽 노예의 처절한 생활이 요셉을 기다리고 있었습니다. 그런데 이 같은 고난의 시간은, 요셉을 점점 더 견고하게 만들어 주었습니다. 역경은 그의 철없던 신앙을 점차 성숙하게 해주었지요. 어느새 요셉은 하나님의 은혜로 형통한 자가 되었고, 그의 주인도 그것을 알아보기 시작합니다(창 39:2-3).

요셉은 애굽에서의 고된 노예 생활을 그 누구보다도 성실하게 감당했습니다(창 39:4). 그러던 어느 날 요셉은 뜻하지 않은 누명을 쓰고 감옥에 갇히게 됩니다. 주인의 아내가 그를 유혹한 것입니다.

이 집에는 나보다 큰 이가 없으며 주인이 아무것도 내게 금하지 아니하였어도 금한 것은 당신뿐이니 당신은 그의 아내임이라 그런즉 내가 어찌 이 큰 악을 행하여 하나님께 죄를 지으리이까_창 39:9

요셉이 주인 보디발의 아내가 건넨 유혹을 뿌리치지 않았다면 더 편안히 지냈을지도 모릅니다. 그러나 요셉은 하나님이 자기 안에 심어 놓으신 양심을 유혹과 바꾸지 않았습니다. 그럴수록 요셉의 입지는 점점 좁아졌고, 주인집 아내는 요셉을 괘씸히 여겨 그를 궁지에 몰아넣은 것입니다(창 39:14).

하나님 뜻대로 살려고 노력했으나 결과는 감옥이었습니다. 간신히 적응한 생활에서 쫓겨나 다시 시작해야만 했습니다. 또다시 원점으로 돌아간 요셉. 형들에게 거절당했던 기억이 아프게 떠오릅니다. 하지만 요셉은 정신을 차리고 감옥에서조차 하나님의 손을 붙잡습니다. 주인의 뜻에 따라 죽을지도 모르는 불안한 감옥 생활이었지만 하나님은 절망의 한가운데에서도 평강을 베푸셨고, 오히려 놀라운 은혜를 경험하는 시간으로 바꾸셨습니다(창 39:23). 이제 요셉은 감옥에서도 낙심하지 않고 최선을 다해 간수장의 인정도 받았습니다. 그러다가 언제나 하나님께 영광을 돌리는 그에게 애굽의 총리 자리가 주어졌습니다(창 41:41)

거듭된 시련, 이해할 수 없는 일들로 힘들다면 이는 하나님께서 우리를 준비시키기 위함 때문입니다. 비록 견디기 힘들고, "정말 하나님이 나와 함께하실까?" 의구심이 들 때라도, 요셉처럼 하나님의 은혜를 구하며 주님을 붙들어 보세요. 모든 일에 하나님께 영광을 돌리는 그러한 사람에게 오늘도 주님은 '요셉의 꿈'을 이루어 가십니다. '요셉의 꿈'이 힘들고 어려운 마지막 때를 살아가는 믿음의 사람들에게 넘치도록 부어지기를 소망합니다.

† 말씀 배경

요셉은 야곱의 열두 아들 중 라헬이 낳은 아들로(창 30:24), "여호와여 더하소서"라는 뜻의 이름이다. 요셉은 어릴 적부터 신령한 꿈을 꾸어 '꿈꾸는 자'가 그의 별명이었다(창 37:19). 성경의 〈시편〉은 꿈을 중요하지 않은 것으로 여기기도 하고(시 73:20), 어떤 꿈은 실제보다 더 많은 가치가 부여되기도 했는데(전 5:3,7), 요셉의 꿈은 그를 향한 하나님의 계획이었다. 종은 "한 주인에게 순종할 의무가 있는" 사람이다. 종(노예)은 '품꾼'으로도 번역된다(눅 15:19). 당시의 노예(종)는 주인의 '재산'이어서 노예의 주권은 전적으로 주인에게 있었다(창 16:16).

† 골방 일기

1. 하나님의 뜻대로 살려고 하다가 억울한 일을 경험한 적이 있나요?

_____

_____

_____

2. 억울하고 부당한 결과 앞에서도 하나님의 행하심을 신뢰하나요?

_____

_____

_____

#49
상처 입은 위로자
-요셉 2

🍃 미국에서 살다 보니 '인종 차별'을 경험할 때가
있습니다. 차별받을 때면 감정도 더 민감해지는 듯하고요. 차별받은 상
처는 또 다른 상처를 만들어 마음을 오려낼 때도 있습니다.

한국에서 크게 실패한 이들에게 미국은 기회의 땅이기도 하지만 또
다른 상처를 받는 곳이 되는지도 모르겠습니다. 그래서인지 타지 생
활을 하며 어려움을 겪을 때면, 애굽에서 큰 상처를 딛고 일어선 요셉
의 삶이 새롭게 다가옵니다.

요셉은 마음 구석구석이 아프게 오려진 채 오랜 세월을 살았습니
다. 연고가 없는 이들과의 관계에서도 서운한 마음이 드는데, 핏줄인
형들이 자신을 먼 나라로 팔아버렸을 때의 그 기막힘과 두려움을 과

연 무엇과 견줄 수 있을까요.

그토록 원망해 왔던 형들을 대면하는 순간이 요셉에게 찾아왔습니다. 가해자 원수는 빈손이고, 나에게는 무기가 있는 통쾌한 상황입니다. 곡식을 얻기 위해 온 형들 앞에서, 요셉은 애굽의 총리직을 수행하고 있었으니까요(창 42:7).

참아왔던 분노가 가슴 깊은 곳에서 솟구쳐 올라옵니다. 아무리 진정하려고 해도 되지 않습니다. 분노와 용서 사이에서 갈팡질팡하던 요셉은 도무지 용서하기 힘든 그들에게 여러 번 누명을 씌우며 시험합니다(창 43:30).

자신의 동생 베냐민을 노예로 삼겠다는 요셉의 명령에, 유다 형이 자신을 대신 종 삼으라며 막아섭니다. 유다 형은 오래 전 애굽 상인에게 팔아버린 동생과, 그로 인해 슬픔에 빠져 있는 아버지를 심히 걱정하고 있었습니다(창 44:33). 그의 후회와 회심은 지금 동생을 위해 죽음도 불사하는 행동으로 드러났습니다. 필사적으로 참고 있던 눈물이 요셉의 눈에서 펑펑 떨어집니다.

> ²요셉이 큰 소리로 우니 애굽 사람에게 들리며 바로의 궁중에 들리더라 ³요셉이 그 형들에게 이르되 나는 요셉이라 내 아버지께서 아직 살아 계시니이까 형들이 그 앞에서 놀라서 대답하지 못하더라 _창 45:2-3

형들은 요셉을 애굽으로 팔아넘겨 온갖 고난을 겪게 만든 '상처의 주역들'이었습니다. 채색옷과 자신의 모든 꿈을 찢어버린 그들을, 애굽의 총리로서 얼마든지 무섭게 보복할 수도 있었지요.

다양한 감정이 교차하는 순간이었습니다. 그러나 요셉은 고난 가운데서도 자신을 인도하시고 지혜를 허락하신 하나님의 은혜를 떠올리며, 오직 하나님의 마음을 따르기로 합니다. 하나님은 요셉에게 사랑과 용서의 마음을 쏟으셔서, 과거의 아픈 기억들을 덜어 낼 수 있도록 도우셨습니다.

요셉은 인류를 구원하기 위한 하나님의 계획에 따라 자신이 애굽에 오게 되었다고 고백합니다(창 45:5). 형들이 팔아넘긴 것이 아니라 하나님께서 보내셨다는 이 고백을 떠올릴 때마다 저의 자리를 버릇처럼 점검하게 됩니다. 지금 이곳이 바로 하나님이 보내신 자리라는 것을 말입니다.

> 20당신들은 나를 해하려 하였으나 하나님은 그것을 선으로 바꾸사 오늘과 같이 많은 백성의 생명을 구원하게 하시려 하셨나니 21당신들은 두려워하지 마소서 내가 당신들과 당신들의 자녀를 기르리이다 하고 그들을 간곡한 말로 위로하였더라_창 50:20-21

어느새 요셉은 하나님 안에서 '상처 입은 위로자'로 새로워졌습니다. 하나님께서는 요셉의 뿌리 깊은 두려움과 미움을, 용서와 화해로 바꾸셨지요. 원수를 위로하는 일, 이것은 사람의 상식으로는 도저히 이해할 수 없는 기적과 같은 일입니다(창 50:21).

그가 시험을 받아 고난을 당하셨은즉 시험받는 자들을 능히 도우실 수 있느니라_히 2:18

지금도 하나님은 작은 일에도 분하여 잠 못 이루는 연약한 우리의 성품을 치유하고 용서하셔서 우리가 용서받은 죄인, 상처 입은 위로자로 서기를 원하십니다.

우리 주변에 도저히 용서할 수 없는 사람들을 주님의 은혜로 용서하기 시작할 때, 하나님은 우리를 구원의 아름다운 도구로 사용하여 주실 것입니다. 요셉에게 주셨던 하나님의 은혜라면, 우리에게도 희망이 있습니다. 주님의 은혜라면 누구든, 무엇이든, 용서할 수 있습니다.

† 말씀 배경

고난은 기근과 같은 재해(창 41:30), 국가 사이의 전쟁(왕상 15:6), 개인적인 질병 등 매우 다양하다. 요셉은 다양한 고난을 딛고 일어나 애굽의 총리가 되었다. 고난은 태초에는 없었으나, 아담과 하와의 죄로 세상에 나타났다(창 3:16).

어떤 고난은 죄의 결과이지만 그렇지 않은 경우도 있다(욥 1:1). 고난 중에 있는 이들을 판단하지 않도록 주의해야 하고, 고난을 통해 예수님의 순종을 배워야 한다(히 5:8). 고난을 통해 연단을 받은 요셉은 고난받는 이들을 도왔고(창 41:57), 애굽에 곡식을 구하러 온 형들을 기근 중에 만났다(창 42장).

† 골방 일기

1. 도저히 용서할 수 없는 사람을 어떻게 대하나요?

_____

_____

_____

2. 요셉의 모습에서 어떤 도전을 받았는지 고백해 보세요.

_____

_____

_____

#50
모든 것 내려놓고
- 사르밧 과부

🍃 중학생 시절, 학교 수업을 마치고 집에 돌아올 때면, 교회 주변에 나그네들이 자주 서성거렸습니다. 그들이 교회를 자꾸 찾아온 것은 부모님께서 한 번도 이들을 빈손으로 보내지 않으셨기 때문입니다.

"우리가 더 어려워 보이는데 그들을 도와야 할까?"

어릴 적에는 이렇게 불평했지만 목회를 하면서 깨달았습니다. 그때 방문했던 이들이 바로 '작은 예수님'이요, '복의 통로'임을 말입니다.

여기 '지극히 작은' 사람에게 자신의 전부를 드린 한 여인이 있습니다. 사르밧 지역에서 오랫동안 홀로 아들을 키운 어머니입니다. 그녀의 매일은 온갖 고통스러운 것들로 얼룩졌을 것입니다. 그녀는 지독한 고독을 견뎌야 했고, 편견 어린 수많은 시선을 버텨야 했습니다. 꾹꾹 눈물을 참으며 어떻게 해서든지 아들을 굶겨서는 안 된다는 생각 하나로 여기까지 왔습니다.

그러다가 정말 굶어 죽을 것 같은 상황이 되었습니다. 가뭄이 심해 남은 것이라곤 통에 있는 가루 한 움큼뿐이었던 것입니다. 그때 주님께서는 엘리야를 통해서 일하기 시작하셨습니다.

너는[엘리야] 일어나 시돈에 속한 사르밧으로 가서 거기 머물라 내가 그곳 과부에게 명령하여 네게 음식을 주게 하였느니라_왕상 17:9

그날, 남은 것으로 음식을 만들어 먹고 죽으리라 생각했던 날, 그녀는 엘리야를 만났습니다. 사정도 모르고 물과 떡을 좀 달라고 청하는 하나님의 사람을 말입니다(왕상 17:10-12).

[14]…나 여호와가 비를 지면에 내리는 날까지 그 통의 가루가 떨어지지 아니하고 그 병의 기름이 없어지지 아니하리라… [15]그가[사르밧 과부] 가서 엘리야의 말대로 하였더니… [16]통의 가루가 떨어지지 아니하고 병의 기름이 없어지지 아니하니라_왕상 17:14-16

그녀는 가서 엘리야의 말대로 하였습니다. 그 절체절명의 순간에 주님 앞에 모든 것을 내려놓았을 때 주님께서 일하셨습니다. 끝나지 않을 것만 같았던 지독한 고난은 다시 일어나게 하는 복의 통로가 되었습니다. 사르밧 여인은 '무에서 유를 창조하시는 주님의 손길'을 직접 눈으로 보기 시작했습니다.

살 소망조차 없었던 그녀는 오늘이 마지막이라고 생각했고, 자신의 주장과 생각을 내려놓고 하나님의 말씀에 순종하였습니다. 온전히 말씀을 의지하고 순종하였을 때에, 공급하시는 하나님의 역사를 경험하게 되었지요(시 56:10).

눈으로 보기에는 가장 어려운 순간이었지만, 하나님은 그때부터 일하기 시작하셨습니다. 주님은 그분의 영광을 위해 고난을 기회로 삼아 주셨습니다. 그리고 말씀 안에서 친히 역사하셨습니다.

> 시몬이 대답하여 이르되 선생님 우리들이 밤이 새도록 수고하였으되 잡은 것이 없지마는 말씀에 의지하여 내가 그물을 내리리이다_눅 5:5

우리의 삶은 매우 변화무쌍합니다. 그러나 때마다 말씀을 의지하고 믿음으로 순종할 때 주님께서 친히 일하십니다. 하나님 안에 있을 때 임마누엘의 주님을 경험합니다.

누구나 사르밧 여인처럼, 내 힘과 지식, 열정으로 감당할 수 없는 일들을 만날 때가 옵니다. 그때마다 하나님이 원하시는 말씀에 귀 기울여 봅시다. 우리를 인도하시는 하나님의 함께하심을 보게 될 것입니다. 자신의 전부를 하나님 앞에 내려놓음으로 받는 채움의 은혜를 모두가 경험할 수 있기를 소망합니다.

†말씀 배경

사르밧 과부는 엘리야를 돕고 섬겨 가족의 구원을 경험하였다. 사르밧은 두로와 시돈 사이에 위치한 해변 성읍으로, 오늘날의 '사라판드'이다. 사르밧 과부는 자신의 이익을 따지지 않았고 하나님의 말씀에 순종하였다. 하나님은 사회적으로 약자였던 과부, 어린이, 노인 등 어려운 이들에게 긍휼을 베푸셨다. 주님은 교회 공동체가 사랑의 마음으로 연약한 이들을 돕고 서로 나누기를 원하신다(딛 1:8).

†골방 일기

1. 살 소망조차 없던 때가 최근에 언제 있으셨나요?

_____

_____

_____

2. 그 가운데 역사하시는 하나님의 손길을 경험해 보았나요?

_____

_____

_____

#51

다시 사명의 길로

-요나

🍃 이민 교회 목회를 하다가 한계에 이르렀다고 느꼈던 적이 있었습니다. 수중에 남은 재산이라고는 500달러(약 50만 원)가 전부였고, 세금을 내면 한 주 생활비만 남게 되는 상황이었지요. 그 돈도 유학생을 돕는 데 사용해서 하루이틀 사이에 없어지고 말았습니다. 지치고 고된 마음에 가족 모두를 데리고 한국으로 돌아갈까 생각했습니다. 기도하며 주님의 뜻을 구할 때 주님은 가만히 기도하며 기다리라고 말씀하셨습니다. 하나님의 말씀을 다 이해할 수 없었지만, 힘든 시간을 그렇게 주님을 바라보며 기다렸습니다.

그런데 놀랍게도 평소 존경하던 한국의 목사님께서 2년 동안 매달 수백 달러를 돕겠다고 하셨습니다. 지방의 여러 교회도 도움을 보태 매월 2,500달러가 일주일 만에 약정되는 일이 일어났습니다. 하나님이 이곳에서 저희 가족에게 맡겨 주신 사명이 아직 있다는 확신을 얻었고, 그분의 부르심에 순종했습니다.

주변 상황과 환경, 마음의 눌림으로 하나님의 부르심과 사명을 외면하고 싶을 때가 있습니다. 성경에 등장하는 요나가 그랬지요. 요나는 적대국 앗수르의 수도 니느웨를 구원하기 원하시는 하나님의 말씀을 들었습니다. 그러나 요나는 하나님의 부르심을 거부하고 다시스로 도망가게 됩니다. 결국 요나는 바다에서 거대한 풍랑을 만납니다. 풍랑의 원인은 불순종한 요나에게 있었기 때문에 그는 어쩔 수 없이 바다에 던져집니다(욘 1장).

> ¹요나가 물고기 뱃속에서 그의 하나님 여호와께 기도하여 ²이르되 내가 받는 고난으로 말미암아 여호와께 불러 아뢰었더니 주께서 내게 대답하셨고 내가 스올의 뱃속에서 부르짖었더니 주께서 내 음성을 들으셨나이다 _욘 2:1-2

바다에는 주님께서 예비하신 큰 물고기가 있었습니다. 물고기 배 속에 갇힌 요나. 그는 거기서 광야를 만납니다. 광야를 겪으며 하나님의 섭리를 발견하고 하나님의 부름에 응답하며 감사의 기도를 올렸습니다. 잃어버린 사명을 회복한 것입니다.

그는 이제는 더이상 피하지 않고 말씀을 따라 니느웨로 향했습니다. 하나님이 가라고 명령하신 곳입니다. 하나님을 피하고 사명을 거부했던 요나는 주님의 인도하심에 다시 순종했지요. 니느웨 백성에게 복음을 전하였고 그 악하고 죄많던 니느웨 백성이 요나가 전하는 하나님의 말씀을 듣고 회개하기 시작합니다.

> ⁵니느웨 사람들이 하나님을 믿고 금식을 선포하고 높고 낮은 자를 막론하고 굵은 베 옷을 입은지라 ⁶그 일이 니느웨 왕에게 들리매 왕이 보좌에서 일어나 왕복을 벗고 굵은 베 옷을 입고 재 위에 앉으니라 _욘 3:5-6

니느웨 사람들은 복음을 받을 준비가 되어 있었습니다. 마음의 문을 활짝 연 이들에게 하나님의 감동이 임했고 집집마다 하나님을 받아들였습니다. 요나의 입술을 통해 전해지는 복음을 많은 사람이 들었고, 그것은 왕에게로 이어졌습니다(욘 3:6).

그럼에도 불구하고 여전히 요나의 마음은 불편했습니다. 내 나라도 아니고 이방 땅에서, 그것도 적대 관계인 니느웨 사람들이 구원을 받는 모습을 보며 혼란을 느꼈습니다. 요나는 이제 더 이상은 니느웨에 머물지 않겠노라며 하나님께 항변했고, 주님께서 그에게 말씀하십니다.

> ¹⁰여호와께서 이르시되 네가 수고도 아니하였고 재배도 아니하였고 하룻밤에 났다가 하룻밤에 말라 버린 이 박넝쿨을 아꼈거든 ¹¹하물며 이 큰 성읍 니느웨에는 좌우를 분변하지 못하는 자가 십이만여 명이요 가축도 많이 있나니 내가 어찌 아끼지 아니하겠느냐 하시니라 _욘 4:10-11

요나는 박넝쿨이 벌레를 먹는 작은 일을 통해 하나님의 마음을 발견했습니다. 아직 복음을 듣지 못한 수많은 이가 돌아오기를 원하시는 아버지의 마음이었습니다(욘 4:11). 하나님은 세상의 모든 사람을 사랑하여 사명자를 통해 하나님의 사랑이 전해지기를 원하셨습니다.

요나를 통해 복음을 전하신 주님은 오늘 우리에게도 기쁜 소식을 주기 원하시지요. 오늘도 주님은 사랑과 긍휼의 마음으로 온 세상을 보시며 우리를 통해 구원이 전해지기를 원하십니다. 복음의 소식이 제자들을 통해 주변으로 확장되기를 기대하십니다(마 28:19).

주님께서 말씀하셨습니다. 모든 민족이 하나님의 자녀가 되고 제자를 삼기까지 땅끝까지 증인이 되라고 하셨습니다. 이제 남은 삶을 복음의 기쁜 소식을 전하며 세례를 베풀고, 열방을 제자 삼는 일에 헌신하기를 소망합니다.

✝ 말씀 배경

요나는 '비둘기'라는 뜻이다. 그는 아밋대의 아들로 북 이스라엘 가드헤벨 출신이다. 당시에는 여로보암 11세가 통치하고 있었는데 한창 번영기였다 (B.C. 793-753). 요나는 북 이스라엘에서 주로 활동했는데 후반부에는 니느웨에서 사역했다.

주님은 요나를 통해 앗수르의 수도 니느웨를 구원하기 원하셨다. 결국 그는 앗수르에게 복음의 소식을 알려 주는 통로가 되었다. 주님은 회개하는 이들을 기뻐하시고, 악인이라고 할지라도 주님께 돌아오기를 원하신다 (겔 18:23).

✝ 골방 일기

1. 하나님이 주신 사명을 따르고 있나요? 혹 피해 다닌 적은 없나요?

_____

_____

_____

2. 사명감을 가지고 주변에 복음을 전할 준비가 되었나요? 지금 복음을 전하고 있 나요?

_____

_____

_____

#52
구덩이에 갇혀
-예레미야

군대 훈련병 생활을 마친 후 자대에 배치받고 맞는 첫 번째 주일. 교회에 가려 하자 선임병들이 순식간에 냉담하게 변했습니다. 군부대는 기본적으로 종교의 자유가 허락됐지만, 가끔은 일요일에도 공적인 일을 할 때가 있었습니다. 게다가 내무반이 체육 활동을 활발하게 하던 터라 이등병 홀로 교회가는 것을 선임병이 매우 불편하게 생각했지요. 남보다 두 배는 더 열심히 해도 인정받기에는 모자란 상황이었습니다. 매주 예배를 드리기 위해서는 많은 것을 희생하고 감당해야 했습니다.

그렇게 약 6개월간 때로는 구타를 당하며 버텨 냈습니다. 서서히 '얘는 교회 가야 하는 사람'으로 인정하더니, 나중에는 반대하던 이들도 마음을 바꿨습니다. 1년이 지나니까 선임병들은 제대 전 안수 기도를 요청하기도 했습니다. 후임병인 저에게 기도를 부탁하고, 제가 믿는 하나님을 알고자 하는 선임병도 생겼지요. 내무반에서 수시로 기도하며 귀한 시간을 보냈습니다. 주님은 어려운 환경을 선하게 바꾸어 영광을 받으셨습니다.

예루살렘이 바벨론에 함락되기 전후를 살았던 예레미야는, 계속되는 고통 속에서 하나님의 뜻을 분별하는 일이 결코 쉽지 않았을 것입니다. 씻을 수 없는 상처를 안고 계속 영적 전쟁을 이어간 예레미야의 삶은 파란만장했습니다.

> 나의 고통이 계속하며 상처가 중하여 낫지 아니함은 어찌 됨이니이까
> 주께서는 내게 대하여 물이 말라서 속이는 시내 같으시리이까_렘 15:18

예레미야는 하나님께 사명을 받았지만 결코 평탄하지 않은 삶을 살았습니다. 주변의 공격이 너무나 거세 수시로 온갖 비웃음과 조롱을 받았습니다. 바스훌은 예레미야가 전하는 하나님의 말씀을 듣고 그를 때리고 '목에 씌우는 나무 고랑'을 채웠습니다. 너무나 수치스럽고 두려운 고통이었지요. 예레미야를 조롱하는 소리는 연일 그칠 줄을 몰랐습니다(렘 20:1-3). 고랑을 차서 꼼짝할 수도 없는 예레미야에게 하나님의 말씀이 다시 임했습니다. 이스라엘이 곧 바벨론에 끌려갈 것이라는 끔찍한 심판을 들은 예레미야는 들은 말씀 그대로 이스라엘 백성에게 전합니다(렘 20:4).

사방에서 예레미야를 치욕스럽게 하고, 온갖 폭력으로 그를 괴롭혔습니다.

> 그들이 예레미야를 끌어다가 감옥 뜰에 있는 왕의 아들 말기야의 구덩이에 던져 넣을 때에 예레미야를 줄로 달아내렸는데 그 구덩이에는 물이 없고 진창뿐이므로 예레미야가 진창 속에 빠졌더라 _렘 38:6

하나님께 순종했는데 돌아오는 건 진창속에 빠지는 일이었습니다. 그러나 예레미야는 하나님께서 자신이 겪는 고난을 알 것이라고 확신했습니다(렘 15:15). 이마저도 기꺼이 져야 하는 십자가라고 받아들이며 구덩이에 머물렀습니다.

예레미야는 구원이 오직 주님 한 분에게서만 나온다는 사실을 절감했습니다. 십자가를 짊어진 그동안은 매우 고됐지만 고통 가운데 역사하시는 주님의 마음을 다시금 발견했습니다. 주님의 마음을 깨닫고 주님을 찾습니다.

> 여호와의 말씀이니라 너희를 향한 나의 생각을 내가 아나니 평안이요 재앙이 아니니라 너희에게 미래와 희망을 주는 것이니라 _렘 29:11

예레미야는 하나님 앞에서 성실하게 살고 충성되게 일했지만 고난은 물러갈 기미가 없었습니다. 이십 년을 넘게 말씀을 전해도 미래를 알 수 없었습니다. 백성은 계속해서 악행을 일삼았습니다(렘 25:3-5).

예레미야는 또다시 하나님의 긍휼을 구하며 하나님의 말씀을 경청하고, 모든 과거의 일을 회개했습니다. 그리고 회개하는 이들에게 주시는 하나님의 용서와 구원의 감격을 경험했습니다(렘 36:1-4).

믿음의 주요 또 온전하게 하시는 이인 예수를 바라보자_히 12:2a

예레미야를 보며, 물질 만능주의와 세속주의에 찌든 세상에서 어떻게 사명을 감당해야 하는지 새로운 도전을 받습니다. 하나님의 길을 걸어가는 그에게 돌아온 것은 눈물과 고통이었습니다. 그런데 그에게서 하나님과 누구보다 가깝게 머물며 그분의 뜻을 따라 걷는 사명자의 길을 발견합니다. 오직 말씀으로, 오직 믿음으로, 오직 신실함으로 깨어 있어서, 모든 상황 속에서 예수 그리스도를 바라보는 삶이기를 소망합니다.

† 말씀 배경

예레미야는 "여호와께서 세우신다"는 뜻이다. 그는 제사장 힐기야의 아들이었다(렘 1:1). 하나님께서는 예레미야에게 하나님 나라의 비전과 계획을 말씀하셨다. 그것은 민족이 파괴되고 넘어진 뒤 처음부터 다시 세워지는 계획이었다(렘 1:10).

예레미야는 동포들이 바벨론에 포로로 끌려가는 급박한 상황에서 활동했다. 어려운 환경 가운데에서 주님은 하나님의 말씀을 대언할 사명자를 찾으셨는데, 예레미야는 낮은 자존감 때문에 하나님의 부르심을 거부했다. 그러다가 주님께 기꺼이 순종하기로 결단하였고 육십 평생을 주님께 헌신했다(렘 1:7).

† 골방 일기

1. 예수님을 믿다가 진흙탕 같은 곤경에 빠진 경험이 있나요?

_____

_____

2. 주변 사람들을 변화시키기 이전에 오늘 내가 주님 앞에서 변해야 할 부분은 무엇인지 고백해 봅시다.

_____

_____

_____